Hellmuth Karasek

BRIEFE BEWEGEN DIE WELT

Politik und Geschichte

Wir danken der Stiftung Lesen und der Deutschen Post DHL,
ohne deren Unterstützung dieses Buch nicht zustande gekommen wäre.

Hendrik teNeues

Hellmuth Karasek

BRIEFE BEWEGEN DIE WELT

Politik und Geschichte

teNeues

INHALT

In der Politik haben Briefe schon immer eine ganz besondere Rolle gespielt. Die insgesamt 900 Briefe, die der römische Philosoph Marcus Tullius Cicero im Laufe seines Lebens schrieb, beschäftigen die Geisteswissenschaftler bis heute. Und nicht wenige Politiker unserer Tage holen sich daraus Rat für ihre ganz aktuellen Probleme. Briefe von Politikern können vieles bewirken. Sie können Krisen auslösen oder dazu beitragen, dass aus Feinden wieder Freunde werden. Sie können Regierungen stabilisieren oder sie stürzen. Vor allem aber war und ist der Brief eine der stärksten Waffen der Demokratie im Kampf gegen Ungleichheit, Unterdrückung und Despotismus. Briefe kann man nicht erschießen – und wer sie verbrennt, löscht ihren Inhalt nicht aus unserem Gedächtnis.

Die Bandbreite der Briefautoren, die wir in diesem Buch vorstellen, reicht von Martin Luther über Marie Antoinette und Ernst Jünger bis hin zu Joschka Fischer und bis zu einem Schreiben, das der damalige Regierende Bürgermeister von Berlin Willy Brandt an den US-Präsidenten John F. Kennedy schickte – mit Langzeitfolgen für das Schicksal der Deutschen, wie wir heute wissen.

Dies ist nun der dritte Band in der Reihe „Briefe bewegen die Welt“, die wir gemeinsam mit dem teNeues Verlag herausgeben. Das überaus positive Echo sowohl von den Leserinnen und Lesern als auch von den Rezensenten in den Medien hat uns bestärkt, mit Blick auf historische und zeitgenössische Politik ein neues Kapitel aufzuschlagen. Mein Dank gilt allen Mitwirkenden. Zuvorderst Hellmuth Karasek, der die schwierige Aufgabe hatte, aus einer Fülle von möglichen Texten solche Schreiber zu identifizieren, deren Briefe uns auch heute noch etwas zu sagen haben. Und den beiden Journalisten Sonja Wild und Hans Pöllmann, die mit größter Akribie die Geschichten hinter den Briefzeilen recherchierten und aufbereiteten. Und uns damit einen neuen Blick erlauben auf berühmte Persönlichkeiten, von denen wir meinten, sie seien für keine Überraschung mehr gut.

Was mich besonders freut, ist das Engagement der Stiftung Lesen. Sie bringt die Bücher aus der Reihe „Briefe bewegen die Welt“ in den Schulunterricht ein. So wird Lernen spannender, weckt die Neugier auf ungewöhnliches Lehrmaterial und stärkt letztlich die Medienkompetenz der Schülerinnen und Schüler. Die Lektüre verspricht köstliche Unterhaltung, auch wenn es zumeist um sehr ernste Themen geht. Erkenntnisgewinn wird nicht ausgeschlossen. Ich wünsche Ihnen viel Vergnügen mit diesem Buch.

Jürgen Gerdes
Konzernvorstand Brief Deutsche Post DHL

EINLEITUNG

Liebe Leser,
hochverehrte Leserinnen!

lassen Sie mich Ihnen einen Brief schreiben, mit dem ich den nun schon dritten Band der Briefsammlung „Briefe bewegen die Welt“ einleitend begleiten und kommentieren möchte.

Im dritten Band geht es um Handgeschriebenes, Telegrafiertes, mit der Schreibmaschine Getipptes, das die deutsche Geschichte, ihre ungeheure Bewegtheit in Zeugnissen festhält, die sich Menschen offiziell und unter größter privater Not, für die Öffentlichkeit bestimmt oder dem geheimen diplomatischen Verkehr vorbehalten, zum Protest oder aus Zustimmung zuschrieben, einander zusandten.

Mein großes „Konversations-Lexikon“ von Meyer, im Bibliographischen Institut in Leipzig und Wien 1905 erschienen (das Nachschlagewerk, in dem sich die bürgerliche Gesellschaft ihrer Bildung versichern konnte, um sie für das Gespräch unter Gebildeten jederzeit abrufbereit zu besitzen, für heute täte es auch das Internet, wir können unser Wissen quasi „herbeigoogeln“), definiert im dritten Band (er hat wie alle zwanzig Bände einen wunderschönen goldgeschnittenen, lederartigen Rücken) den Brief folgendermaßen: „Brief (v. lat. breve, ‚kurzes Schriftstück‘), im gewöhnlichen Leben eine schriftliche Mitteilung in herkömmlichen Formen an Abwesende.“ Das ist kurz, wahr und richtig.

Mein ältestes Lexikon, die „Allgemeine deutsche Real-Encyclopädie für die gebildeten Stände“ von 1819 (das laut Eintragung in altertümlicher Handschrift einem „Dr. Kühlert“ gehört haben muss), kennt kein Stichwort „Brief“, nur das lateinische „Breve“, und definiert damit „ein päpstliches Schreiben an einen König, Fürsten, eine Regierung oder Obrigkeit in Sachen, welche das allgemeine Wesen betreffen“. Allgemeines Wesen, das ist heute das Gemeinwesen, die Öffentlichkeit: Sie ist der Adressat der Politik.

Also werden mit dieser Definition genau die Briefe beschrieben, die in diesem dritten Band beispielhaft und programmatisch versammelt sind: Es sind Briefe, die die deutsche Geschichte „verbrieft" darstellen, sozusagen mit „Brief und Siegel", manchmal also als amtliche Dokumente, manchmal als „Depeschen", Telegramme, wie zum Beispiel die „Emser Depesche", die den Krieg von 1870/71 zwischen Frankreich und Deutschland vom Zaune brach – ein ungeheuer folgenschweres Ereignis, dessen Konsequenzen ich hier – nur so zum Beispiel, zum Exempel – darstellen möchte.

Im Krieg Preußens und der Verbündeten gegen Frankreich wurde Frankreich besiegt, geschlagen, gedemütigt, zu einer hohen Kriegsreparation in Goldwährung verurteilt. Im Versailler Schloss ließ Bismarck den preußischen König in der Folge zum Kaiser des Deutschen Reichs ausrufen. Frankreich musste Elsass-Lothringen an das Deutsche Reich abtreten. Aus den Kriegsmillionen (damals rechnete man noch nicht in hundertstelligen Milliarden-Beträgen) entstand die Wirtschaftsblüte im Berlin der Gründerjahre. Die fürchterliche Konsequenz waren der Erste und der Zweite Weltkrieg. Frankreich „rächte" sich natürlich im „Versailler Vertrag" für die Demütigung. Die Kriegsreparationen, die es eintrieb als Antwort auf die Lasten von 1870/71, führten zur Inflation, zum Ende der Weimarer Republik, zu Hitler, der 1940 wiederum in Versailles die Demütigung in einen Rache-Triumph verwandelte. Zwei der blutigsten Weltkriege sind aus der „redigierten", der zum Affront gefälschten Emser Depesche hervorgegangen: ein Brief also mit weltverändernden, blutigen Folgen.

Wahrlich, „Briefe bewegen die Welt", wie diese Buchreihe heißt. An dieser Stelle möchte ich aus der politischen Geschichte noch einmal auf die christlich-abendländische Geschichte zurückverweisen. Die Bibel, nicht wahr, ist im Neuen Testament zu Teilen auch eine Briefsammlung. Neben den vier Evangelien und der Apostelgeschichte enthält sie in ihrem kanonisierten Teil die Katholischen Briefe, also „allgemeine" Briefe, die für die ganze Kirche bestimmt sind, verfasst von Petrus, Johannes, Jakobus und Judas, und die 13 Briefe des Saulus, der zum Paulus wurde und somit zum wichtigsten Promoter des Christentums. Mit ihnen trieb er die Bekehrung zum und die Befestigung des Christentums in der griechisch-heidnischen Welt voran. Briefe, die die Welt bewegten.

In unserer Briefsammlung gibt es einen kulturhistorisch hochbedeutenden Brief. Wir wissen heute, dass Luthers Bibelübersetzung, die die „Heilige Schrift" aus der lateinischen Exklusiv- und Priester-Elite zum Volk brachte, mit der Erfindung der Druckkunst glücklich zusammenfiel und damit (auf lange Sicht) auch den handschriftlichen, den „eigentlichen" Brief zerstörte. Noch einmal mein altes Lexikon von 1905 zitierend: „Die Blütezeit des Briefeschreibens ist heute, wenigstens in der ganzen abendländischen Kulturwelt, wohl vorüber." Ja und nein. Richtig und falsch. Und auch wieder ein zu skeptischer Pessimismus.

Um zurück auf Luther zu kommen: Die katholische Kirche, die er durch seine bald als Druckwerk verbreitete Bibelübersetzung in die Defensive gedrängt hatte, schlug bald – in der Gegenreformation – zurück. Auch indem sie den gewaltigen „protestantischen" Übersetzer plagiierte und beklaute, um ihm mit seinen eigenen Waffen entgegenzutreten.

Wie schnell übrigens Briefe zu unabdingbaren historischen Dokumenten werden, belegt der Brief, den Willy Brandt als Bürgermeister von Berlin nach dem Beginn des Mauerbaus an aller diplomatischen Korrektheit vorbei an den amerikanischen Präsidenten Kennedy direkt schrieb: Die USA möchten Berlin nicht im Stich lassen. Kennedy fühlte sich brüskiert, Adenauer in Bonn übergangen und doch hat dieser Brief, mit dem Brandt aus der Reihe diplomatischer Gepflogenheiten tanzte, den Präsidenten letztlich zu seinem so wichtigen Berlin-Bekenntnis „Isch bün ein Börlinär" gebracht.

Udo Lindenbergs Brief, Jahre später, an Honecker hat gewiss nicht das gleiche Gewicht, aber er ist vom Gefühl her – und Briefe sind ja, selbst in höchster diplomatischer Mission, Gefühlsträger – nicht minder ein genaues Barometer der Stimmung in dem geteilten Deutschland, das glücklicherweise jetzt schon wieder lange Zeitgeschichte ist.

Ob Briefe vom Himmel, vom Papst, von Luther, ob diplomatischer Briefverkehr von der Note bis zur Depesche – immer enthalten sie eine Botschaft, weshalb der diplomatische höchste Briefträger „Botschafter“ heißt, wenn er zum Neujahrsempfang seines Gastlandes Glückwünsche überbringt. Und ist es ein himmlischer Botschafter, so bringt er eine „frohe Botschaft“. Dieser Begriff hat sich aus dem analogen Zeitalter ins digitale gerettet. Auch hier bekommen wir Botschaften, sodass McLuhan zu Recht formuliert hat: „The media is the message.“ Und diese Botschaften landen auch im elektronischen Zeitalter immer noch auf einer Mailbox, also in einem Briefkasten. Die Sprache verweilt auch im größten technischen Fortschritt im Zeitalter des Posthorns und der Briefzustellung durch den Postboten. Im Übrigen heißt der zweite „Briefträger“ der Botschaft gern der „Gesandte“, und der höchste Gesandte Gottes war Christus, der auf Erden eine „Sendung“ zu erfüllen hatte. Auch die Fernsehsendung ist keine Postwurfsendung, sondern bleibt nur sprachlich im guten alten Postverkehr stecken. So überdauert der Begriff der Briefe die neuen Medien. Und inzwischen werden ja auch wieder mehr Briefe mit der Hand geschrieben.

Mit freundlichen Grüßen
Ihr
Hellmuth Karasek

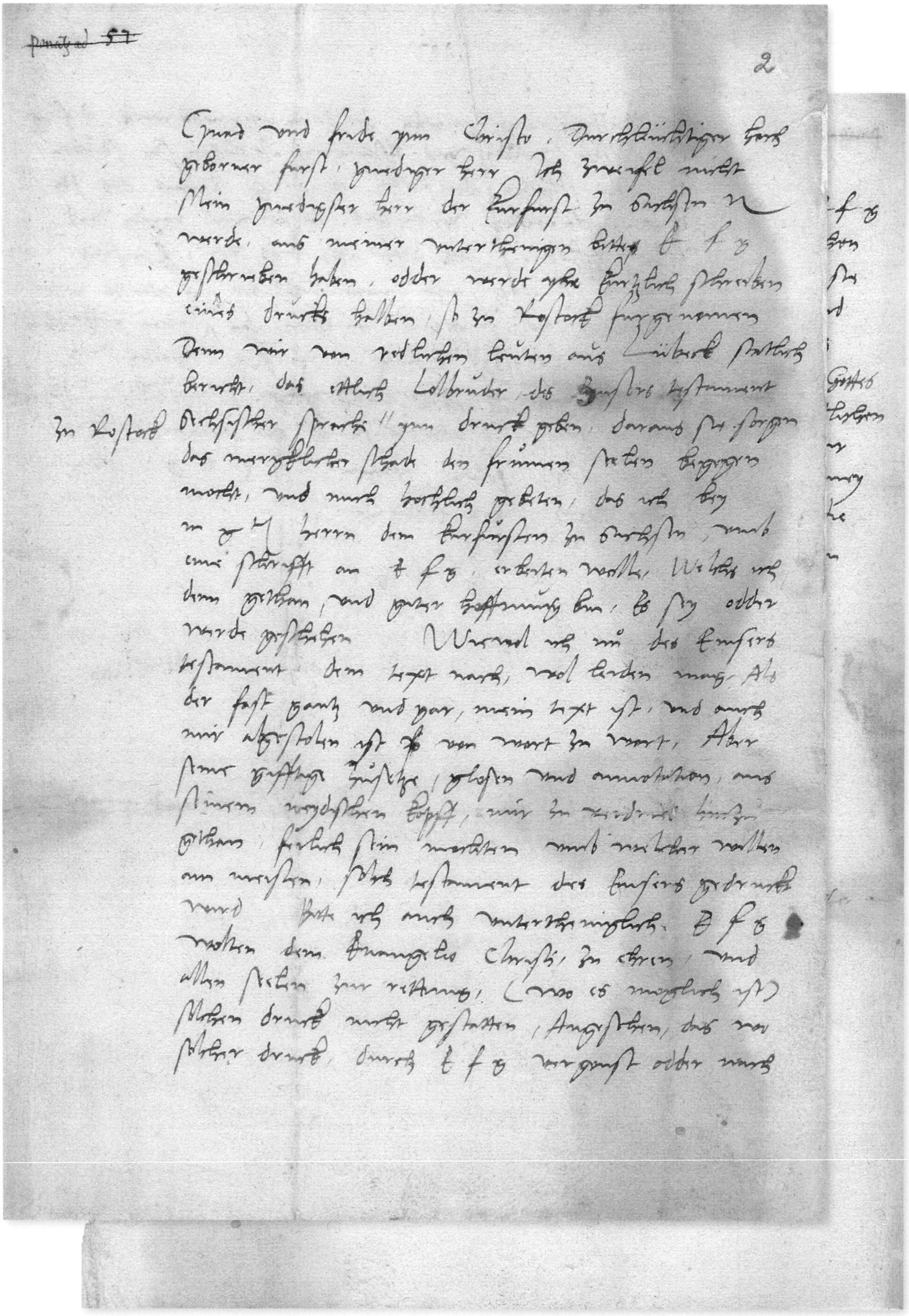
2

Gnad und friede ynn Christo. Durchleuchtiger hochgeborner furst, gnediger herr. Ich zweifel nicht, Mein gnedigster herr der Kurfurst zu Sachsen etc. werde aus meiner unterthenigen bitte E. f. g. geschrieben haben, odder werde yhe kurtzlich schreiben eines drucks halben, so zu Rostock furgenomen. Denn mir von redlichen leuten aus Lübeck stattlich bericht, das etliche Lolbruder des Emsers testament [zu Rostock] Sechsischer sprach ynn druck geben, darauff sie sorgen das unzelicher stuck den frumen selen begegen mocht, und mich hochlich gebeten, das ich bey m. g. h. herrn dem Kurfürsten zu Sachsen, und eine schrifft an E f g. erbitten wolte. Welchs ich denn gethan, und guter hoffnung bin, es sey odder werde geschehen. Weil ich nu des Emsers testament dem text nach, wol leiden mag. Als der fast gantz und gar, mein text ist, und auch mir abgestolen ist schier von wort zu wort. Aber seine gifftige zusetze, glosen und annotation, aus seinem vergiffteten kopff, mir zu widdrieß hinzugethan, freilich sein werden, und welcher wollen am meisten, solch testament des Emsers gebraucht wird, bitte ich auch unterthenigklich E f g. wolten dem Evangelio Christi zu ehren, und allen selen zur rettung (wo es moglich ist) solchen druck nicht gestatten, Angesehen, das vor solcher druck durch E f g. vergunst odder nach

MARTIN LUTHER an Herzog Heinrich V.

[Wittenberg, 27. November 1529]

Gnad[a] und fride ynn Christo. Durchleuchtiger hochgeborner furst, gnediger herr. Ich zweifel nicht, Mein gnedigster herr, der kurfurst zu Sachsen etc. werde aus meiner unterthenigen bitte E[uer] f[urstlich] g[naden] geschrieben haben, odder werde yhr kurtzlich schreiben eines drucks halben, so zu Rostock furgenomen. Denn wie von redlichen leuten aus Lübeck statlich bericht, das ettlich Lolbruder des Emsers testament sechsischer sprache zu Rostock ynn druck geben. Daraus sie sorgen, das mergklicher schade den fruomen seelen begegen mocht, und mich hochlich gebeten, das ich bey m[einem] g[nedigen] herrn, dem kurfursten zu Sachsen, umb eine schrifft an E[uer] f[urstlich] g[naden] erbeten wolle. Welchs ich denn gethan, und guter hoffnung bin, es sey odder werde geschehen. Wiewol ich nuo des Emsers testament dem text nach wol leiden mag, als der fast gantz und gar mein text ist, und auch mir abgestolen ist von wort zu wort. Aber seine gifftige zusetze, gloßen und annotation, aus seinem neydischen kopff mir zu verdries hinzu gethan, ferlich sein mochten, umb welcher willen am meisten solch testament des Emsers gedruckt wird. Bitte ich auch untertheniglich, E[uer] f[urstlich] g[naden] wollen dem Evangelio Christi zu ehren und allen seelen zur rettung (wo es moglich ist) solchen druck nicht gestatten. Angesehen, das wo solcher druck durch E[uer] f[urstlich] g[naden] vergonst odder nachlassen ausgienge, mochte der Satan hernachmals E[uer] f[urstlich] g[naden] gewissen rüren und beschweren, als hetten sie solchen grossen schaden der seelen bewilligt, damit das sie es nicht hetten verhindert, da sie wol raum und zeit gehabt. Ich hoffe aber und bitte, Christus werde E[uer] f[urstlich] g[naden], als einem liebhaber des wortts Gottes, weitter wol eingeben, zu thun, das seinem gottlichen willen lieb sey. Amen. E[uer] f[urstlich] g[naden] wollen mir mein emsiges, aber doch notiges und guter meynung schreiben, gnediglich zu gut halten. Hie mit Gott befolhen. Amen.
1529 Am Sonnabent nach Katherine
E[uer] f[urstlich] g[naden]
Williger
Martinus Luth[er]

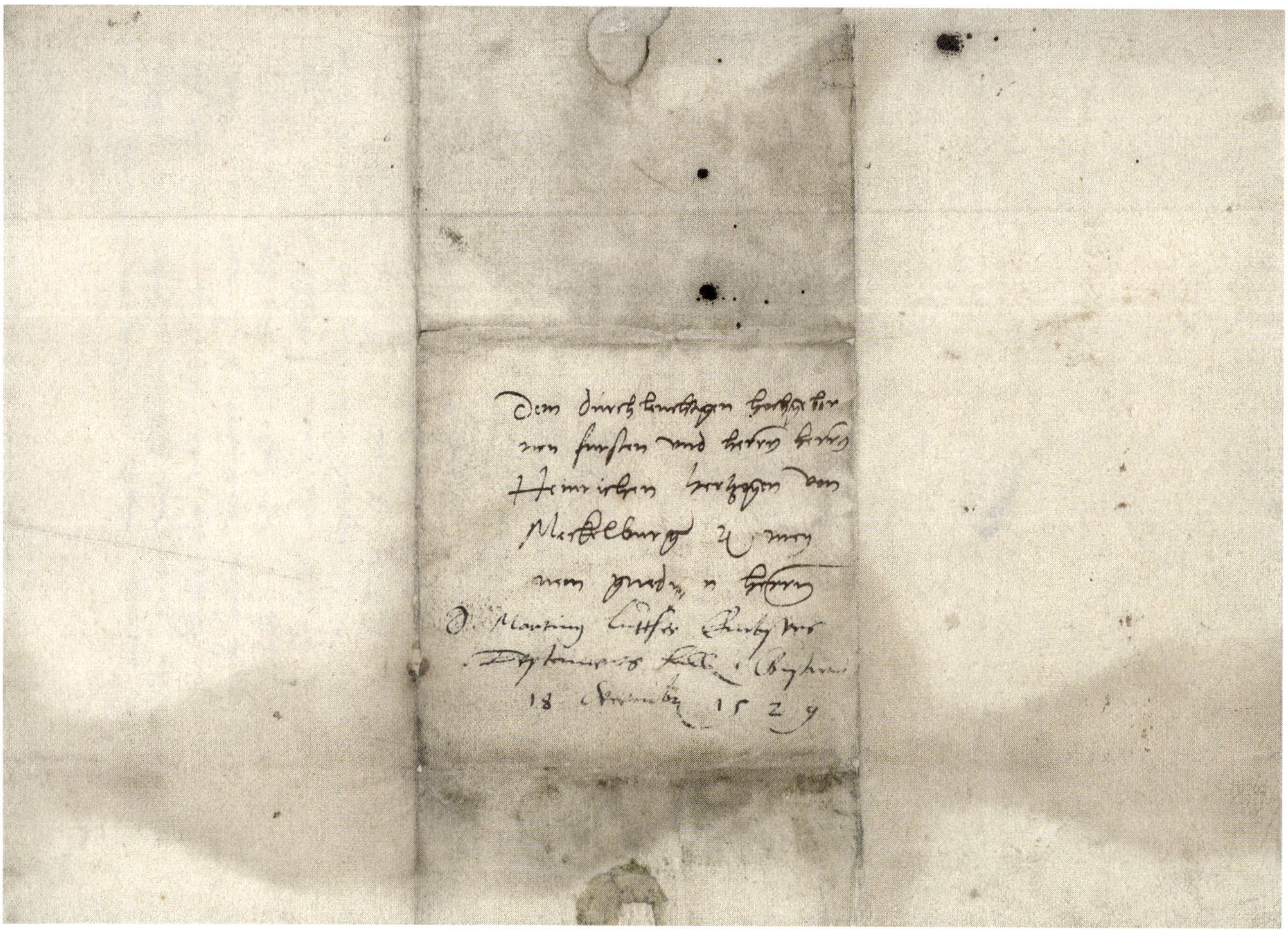

Dem durchleuchtigen hochgebornen fursten und herrn, herrn Heinrichen, hertzogen von Mecklenburg etc., meynem gnedigen herrn

Strg+C, Strg+V. Oder am Mac: „Apfel"+C, „Apfel"+V. Kopieren und einfügen. Wer heute aus fremden Gedanken eigene machen will, muss nicht viel mehr als diese beiden Tastaturbefehle beherrschen. Nie zuvor war es so einfach wie heute, sich mit fremden Federn zu schmücken – das Internet als niemals versiegende Quelle für Kluges und weniger Kluges macht's möglich. Aber: Es war auch noch nie so einfach, Plagiate zu entlarven. Dank moderner Software und der Zusammenarbeit einer großen Gemeinschaft von Internetnutzern ist es bedeutend schwieriger geworden, mit einem Plagiat durchzukommen. Die aktuellen Fälle haben gezeigt: Wer kopiert, verliert.

MARTIN LUTHER kam am 10. November 1483 in Eisleben als Sohn eines Bergmanns zur Welt. Ab 1501 studierte Martin Luther an der Universität Erfurt. Er schloss 1505 ein Magisterstudium ab, zu seiner Zeit ein Grundlagenstudium in den „septem artes liberales" Grammatik, Rhetorik, Dialektik, Arithmetik, Geometrie, Musik und Astronomie. Anschließend begann er ein Studium der Rechtswissenschaften. Am 2. Juli 1505 geriet Luther in ein schweres Gewitter. In Todesangst legte er das Gelübde ab: „Hilf du, heilige Anna, ich will ein Mönch werden." Zwei Wochen später brach er sein Studium ab und trat in das Kloster der Augustiner-Eremiten in Erfurt ein. 1507 wurde Luther zum Priester geweiht, kurz darauf begann er ein Theologiestudium. 1512 promovierte Martin Luther zum Doktor der Theologie, kurz darauf übernahm er eine Professur für Bibelauslegung an der Universität von Wittenberg.

Doch bei aller Aktualität sind Abschreiber kein neues Phänomen, und ebenso ist es nicht neu, dass sie gelegentlich auffliegen. Beides gab es schon zu Martin Luthers Zeiten, wie der Brief an Herzog Heinrich V. von Mecklenburg aus dem Jahr 1529 belegt. Martin Luther bittet den Herrscher eindringlich, zu verhindern, dass ein bestimmtes Buch in Rostock gedruckt wird: die Bibel. Genauer gesagt, das Neue Testament. Es handelte sich dabei um eine niederdeutsche Übersetzung, die wiederum auf der Bibelübersetzung des katholischen Geistlichen Hieronymus Emser von 1527 beruhte.

Aber stammten diese Übersetzungen überhaupt aus Emsers Feder? Luther drückte es so aus: „Wiewol ich nuo des Emsers testament dem text nach wol leiden mag, als der fast gantz und gar mein text ist, und auch mir abgestolen ist von wort zu wort." Emser hatte also bei Luther abgeschrieben. Copy and paste gab es im 16. Jahrhundert zwar noch nicht, aber abschreiben ging damals schon bedeutend leichter, als eigene Worte zu wählen.

Ein astreines Plagiat war Emsers Neues Testament trotzdem nicht: Erstens hatte der Katholik gar nicht abgestritten, Luthers Übersetzung, wenn auch ohne dessen Erlaubnis, als Basis für seine „verbesserte" Übersetzung hergenommen zu haben. Und zweitens hatte der erbitterte Reformationsgegner Luthers Text um eine Vielzahl lutherfeindlicher Kommentare ergänzt. Als „gifftige zusetze", die „seinem neydischen kopff" entstammten, bezeichnete Luther diese Anmerkungen in seinem Brief an den Herzog.

Letztlich ging es Martin Luther in seinem Schreiben aber um mehr als nur um ein Plagiat und ein paar abfällige Bemerkungen: Es ging um nicht weniger als um die Reformation. Um die Erneuerung der christlichen Kirche wurde mit harten Bandagen gekämpft – auf beiden Seiten. Die Druckerpresse war in diesem Kampf eine wichtige Waffe. Sie ermöglichte erstmals die massenhafte Verbreitung von Schriften. Das luthersche Neue Testament wurde binnen kürzester Zeit zum Bestseller.

Über viele Jahre intensiver Auseinandersetzung mit der Bibel entwickelte Martin Luther seine bedeutende Kernthese, dass der Gläubige nicht durch eigenes Zutun in den Genuss göttlicher Gerechtigkeit kommen könne, sondern nur durch das Geschenk der Gnade Gottes. Damit stellte er bedeutende Grundsätze der Kirche infrage, die am von ihm kritisierten Ablasshandel gut verdiente. 1517 schlug Luther der Legende nach seine berühmten 95 Thesen gegen den Missbrauch beim Ablass an die Tür der Schlosskirche in Wittenberg. Das Echo war gewaltig, im Positiven wie im Negativen. Martin Luther wurde in Rom angezeigt, es kam zu einem ergebnislosen Ketzerprozess. Luthers Verhältnis zu Kirche und Papst wurde immer schlechter. Als ihm aus Rom der Bann, also der Kirchenausschluss, angedroht wurde, verbrannte Luther die Bannbulle und wurde in der Folge am 3. Januar 1521 exkommuniziert. Es kam zu zwei weiteren Verhandlungen vor dem Reichstag in Worms. Am 8. Mai 1521 wurde über Luther und seine Anhänger im „Wormser Edikt" die Reichsacht verhängt: Luther durfte nicht mehr unterstützt werden, seine Schriften nicht gedruckt. Er sollte verhaftet und an den Kaiser ausgeliefert werden. Doch Luther war schon in Sicherheit: Bereits am 4. Mai hatte ihn Friedrich der Weise auf dem Rückweg von Worms überfallen und entführen lassen – auf die Wartburg, in der er fortan inkognito lebte. Unter dem Namen Junker Jörg verfasste Martin Luther dort einige seiner wichtigsten Schriften und übersetzte das Neue Testament, das 1522 erstmals in der Sprache des Volkes vorlag.

Im selben Jahr konnte Luther nach Wittenberg zurückkehren, auch wenn seine Ächtung nicht aufgehoben war. Am 13. Juni 1525 heiratete Martin Luther Katharina von Bora, eine ehemalige Nonne. Aus der Ehe gingen sechs Kinder hervor. In den folgenden Jahren kümmerte sich Luther intensiv um die Festigung der jungen Reformation. Er war schriftstellerisch tätig, schloss 1534 seine Bibelübersetzung ab, brachte sich in die neu entstehende evangelische Kirchenbewegung ein und verfasste polemische Hetzschriften gegen das Papsttum, aber auch die Juden. Im Januar 1546 begab sich Martin Luther auf eine letzte Reise nach Eisleben. Dort starb er am 18. Februar an den Folgen einer Herzerkrankung.

HEINRICH V., Herzog von Mecklenburg-Schwerin, genannt der Friedfertige, wurde am 3. Mai 1479 geboren. Er teilte sich die Herrschaft über Mecklenburg mit seinen beiden Brüdern Erich und Albrecht VII. sowie seinem Onkel Balthasar. Nach dem Tod von Balthasar und Erich regierten Heinrich und sein Bruder Albrecht eine Weile gemeinsam, bevor sie sich das Land faktisch aufteilten: Heinrich V. übernahm die Herrschaft in Schwerin, Albrecht regierte in Güstrow. Heinrich V. unterstützte die Reformationsbewegung, die in Mecklenburg viele Anhänger fand, zunächst mit großer Vorsicht. Ab 1532 bekannte er sich auch öffentlich als Anhänger Martin Luthers. Im Juli 1549 genehmigte Heinrich V. den Beschluss der mecklenburgischen Stände zur formellen Anerkennung der lutherischen Glaubenslehre. Heinrich V. starb am 6. Februar 1552.

Und die katholische Kirche? Sie reagierte für ihre Verhältnisse außergewöhnlich schnell. Bis ins 16. Jahrhundert hatte das Neue Testament nur in der Sprache der Gelehrten, in erster Linie in der lateinischen Übersetzung, vorgelegen. Kaum hatte aber Luther das Wort Gottes für jedermann verständlich auf Deutsch publiziert, erschien als Gegenentwurf Emsers Plagiat.

Martin Luther konnte das nicht gefallen. In seinem Brief warnte er, dass der Satan das Gewissen des Herzogs „rüren und beschweren" werde, wenn er den Druck des Emser-Testaments nicht verhindere. Diese nicht sehr subtile Drohung schien auf den Adressaten zu wirken: Noch am selben Tag wandte sich Herzog Heinrich an die Verantwortlichen bei der Stadt Rostock und forderte sie auf, den Druck zu verbieten. Die Besitzer der Druckerei, die klosterähnlich organisierte Gemeinschaft der „Brüder vom Gemeinsamen Leben", die Luther abfällig „Lolbruder" nannte, wehrten sich erfolglos gegen das Verbot und begannen schließlich trotzdem heimlich mit dem Druck. Der Schwarzdruck flog schnell auf und hatte juristische Konsequenzen. Diese Runde ging glatt an Martin Luther – wohl auch, weil er ein äußerst sprachgewandter Briefeschreiber war. Nicht umsonst übte seine Bibelübersetzung stilbildenden Einfluss auf das Deutsche aus. Dem Reformationsgegner Emser tat das allerdings nicht mehr weh: Er war bereits 1527, also zwei Jahre zuvor, gestorben.

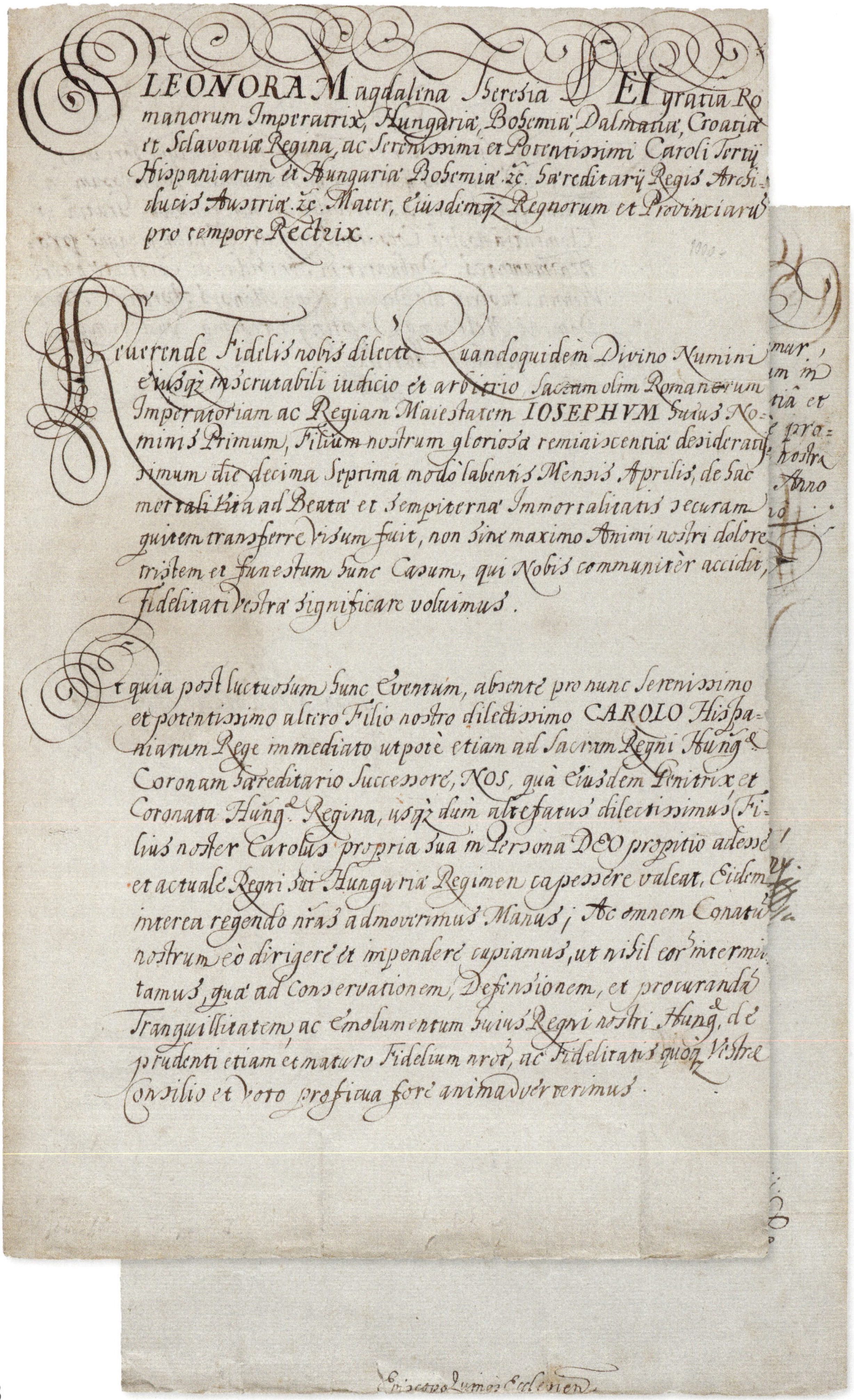

ELEONORA Magdalena Theresia DEI gratia Romanorum Imperatrix, Hungariæ, Bohemiæ, Dalmatiæ, Croatiæ et Sclavoniæ Regina, ac Serenissimi et Potentissimi Caroli Tertij Hispaniarum et Hungariæ Bohemiæ etc. hæreditarij Regis Archiducis Austriæ etc. Mater, eiusdemque Regnorum et Provinciarum pro tempore Rectrix.

Reverende Fidelis nobis dilecte. Quandoquidem Divino Numini eiusque inscrutabili iudicio et arbitrio Sacram olim Romanorum Imperatoriam ac Regiam Maiestatem IOSEPHUM huius Nominis Primum, Filium nostrum gloriosæ reminiscentiæ desideratissimum die decima Septima modo labentis Mensis Aprilis, de hac mortali vita ad Beatæ et Sempiternæ Immortalitatis securam quietem transferre visum fuit, non sine maximo Animi nostri dolore tristem et funestum hunc Casum, qui Nobis communiter accidit, Fidelitati vestræ significare voluimus.

Et quia post luctuosum hunc Eventum, absente pro nunc Serenissimo et potentissimo altero Filio nostro dilectissimo CAROLO Hispaniarum Rege immediato utpote etiam ad Sacram Regni Hung. Coronam hæreditario Successore, NOS, quæ eiusdem Genitrix et Coronata Hung. Regina, usque dum altefatus dilectissimus Filius noster Carolus propria sua in Persona DEO propitio adesse et actuale Regni sui Hungariæ Regimen capessere valeat, Eidem interea regendo nostras admoverimus Manus; Ac omnem Conatum nostrum eo dirigere et impendere cupiamus, ut nihil eorum intermittamus, quæ ad Conservationem, Defensionem, et procurandam Tranquillitatem ac Emolumentum huius Regni nostri Hung. de prudenti etiam et maturo Fidelium nostrorum, ac Fidelitatis quoque Vestræ Consilio et voto proficua fore animadverterimus.

Episcopo Quinque Ecclesien.

KAISERIN ELEONORE an Wilhelm Franz von Nesselrode

Eleonora Magdalena Theresia, Römische Kaiserin von Gottes Gnaden, Königin von Ungarn, Böhmen, Dalmatien, Kroatien und Slawonien, Mutter des am hellsten erstrahlenden und mächtigsten Karl III., des Erbkönigs der spanischen Länder, Ungarns, Böhmens etc. sowie Erzherzogs von Österreich etc. und aufgrund der gegenwärtigen Umstände Regentin der Königreiche und Provinzen desselben

Ehrwürdiger, uns treu Ergebener und hoch Geschätzter!
Da es ja dem göttlichen Willen sowie dessen unerforschlichem Urteil und Ratschluss gefiel, Seine einst heilige Majestät, den römischen Kaiser und König Joseph I., unseren in der ruhmreichen Erinnerung sehnsüchtigst vermissten Sohn, am 17. Tag des ausgehenden Monats April, von diesem irdischen Weg zur sicheren Ruhe der glückseligen und ewigen Unsterblichkeit zu überführen, wollten wir — nicht ohne den größten Schmerz unseres Herzens — Eurem treuen Charakter diesen besonders unheilvollen Trauerfall anzeigen, der uns gemeinsam betrifft.

Und wir haben nach diesem traurigen Ereignis und aufgrund der augenblicklichen Abwesenheit unseres anderen äußerst ruhmvollen, mächtigen und innigst geliebten Sohnes Karl, des Königs der spanischen Länder und nun auch unvermittelt Erbfolgers der Heiligen Krone des ungarischen Königreichs, als Mutter desselben und gekrönte Königin von Ungarn diesem in der Zwischenzeit in der Regentschaft unsere Hände gereicht, so lange, bis unser anderer liebster Sohn, der sich als erhaben erwiesen hat, durch Gottes Gnade selbst anwesend sein kann und imstande ist, rasch die Herrschaft in seinem Königreich Ungarn zu ergreifen.

Und wir wollen alle unsere Anstrengung darauf richten und dafür aufwenden, nichts zu unterlassen, was nach unserem Dafürhalten den Erhalt, die Verteidigung und die Bewahrung der Ruhe befördert sowie aufgrund der Weisheit und Reife unserer Getreuen zum Nutzen für unser Königreich Ungarn ist und auch durch Rat und Gelöbnis Eurer Treue dem Fortschritt dient.

Deshalb fordern wir Eure Treue durch diese Zeilen gütig dazu auf, dass sie nach dem Erhalt dieses Briefes aus dem vorher genannten Grund an unserem Hof bald fortbestehen wolle und nicht aufhöre. Unsere Gunst und Milde werden Ihm als Angehörigen des kaiserlich-königlichen Hofes geneigt und gewogen bleiben.

Verfasst in unserer erzherzöglichen Stadt Wien in Österreich, am 19. Tag des Monats April, im Jahr des Herrn 1711.

Eleonora Magdalena Theresia

Timens Deum ipſa Laudabitur.
Eleonora Magdalena Thereſia,
Romanorüm Imperatrix Comitiſsa Palatina ad Rhenum
Dit's 't beelt des Keizerins, naamrügte Eleonoor,
De grootste in eernaam üit 't geslagt der ſwakke vrouwen,
Den Keizer Leopold die nimmer glans verloor,
Fragt Vorsten uit haar ſchoot voor 't Christenbest te bouwen.
Daar 't hüis van Oostenryk, en Spanje, ryk van pragt,
Door ſtant hou, eeüwen lang, voor 't keizerlyk geslagt.
I.N.
P. Schenk fec: et Exc: Amstelodami cum Privil.

ELEONORE MAGDALENE THERESE von Pfalz-Neuburg wurde am 6. Januar 1655 in Düsseldorf geboren. Sie wuchs in einer streng katholischen Adelsfamilie auf und strebte zunächst ein Leben im Kloster an, gab jedoch 1676 dem Werben von Kaiser Leopold I. und dem Wunsch ihrer Eltern nach und heiratete ihn im selben Jahr. Das Kaiserpaar bekam zehn Kinder, von denen viele das Kindesalter nicht überlebten. Eleonore zeigte ein lebhaftes Interesse an den Geschäften ihres Mannes und unterstützte ihn nach Kräften. Als Leopold 1705 starb, übernahm Eleonores ältester Sohn Joseph die Krone. Nach dessen frühem Tod herrschte sie kurze Zeit als Interimskaiserin bis zur Wiederkehr ihres Sohns Karl aus Spanien. Danach widmete sie ihr Leben dem Glauben und der Wohlfahrt. Eleonore starb am 19. Januar 1720 in Wien und wurde ihrem Willen entsprechend in der weißen Ordenstracht der katholischen Servitinnen, mit weißem Schleier und Totenkopfkette, in einem einfachen Holzsarg bestattet. Dieser trug die Aufschrift „Eleonora Magdalena Theresia, arme Sünderin“.

WILHELM FRANZ VON NESSELRODE entstammte einer großen rheinischen Adelsfamilie, deren Spuren bis ins 14. Jahrhundert zurückreichen. Er war als katholischer Kleriker tätig, unter anderem als Kanoniker von St. Lambert zu Lüttich und Paderborn, außerdem war er Probst zu Münster und Stuhlweißenburg und ab 1703 Bischof von Fünfkirchen in Ungarn. Daneben war er kaiserlicher Geheimrat. Wilhelm Franz von Nesselrode starb 1732.

KAISERIN ELEONORE an Wilhelm Franz von Nesselrode

Durchhaltevermögen, psychische Stärke, Selbstdisziplin über die Schmerzgrenze hinaus: das sind unabdingbare Qualitäten für ein Staatsoberhaupt. Wer die Geschicke eines Staates lenkt, ist rund um die Uhr gefordert und darf keine Schwäche zeigen. Sonst droht in einer heutigen Demokratie die Abwahl – und in einer früheren Monarchie der Autoritätsverlust. Doch auch Politiker und Kaiser waren und sind Menschen, und es gibt einzelne Momente, in denen das Volk ihnen eine Schwäche verzeiht, ja sogar dankt. Im Fall von persönlichen Tragödien dürfen die stärksten Charaktere zeigen, dass sie verwundbar sind. Wer die Gratwanderung zwischen Selbstdisziplin und Empathie meistert, den mögen die Menschen. Nicht jeder schafft den Spagat. Bisweilen geht auf dem Weg durch die Mühlen der Macht die Empathie verloren, das Menschliche verschwindet hinter Verantwortungsgefühl und Willensstärke.

Kaiserin Eleonore schien ein solcher Fall zu sein. Sie schrieb im Jahr 1711 als Mutter, die gerade ihren Sohn verloren hat, an einen Geistlichen. Eleonores ältester Sohn Joseph wurde nur 33 Jahre alt, dahingerafft von den Pocken. Es gibt kaum etwas Schlimmeres, als das eigene Kind zu überleben. Das war sicher auch schon vor 300 Jahren so. Doch Eleonore schrieb, so scheint es, weniger als Mutter denn als Staatsfrau. Mit wohlgewählten Worten verkündete Eleonore in ihrem Brief an Wilhelm Franz von Nesselrode, Bischof von Fünfkirchen, den Tod ihres Sohnes Joseph. Dieser war nicht nur ihr Erstgeborener, sondern auch Kaiser des Heiligen Römischen Reiches Deutscher Nation, König von Böhmen, Kroatien und Ungarn. Und Mutter Eleonore war eine, die sich gerne in Regierungsgeschäfte einmischte. Schnell kam sie in ihrem Brief zur Sache: Der frühe Tod des Kaisers verlangte unverzügliches Handeln, es durfte kein Machtvakuum entstehen und beutegierige Nachbarstaaten auf den Plan rufen. Dieses Machtvakuum drohte aber. Der Nächste in der Thronfolge war Josephs jüngerer Bruder Karl, der spätere Karl VI. Allerdings regierte Karl gerade Spanien. Daher machte Eleonore Nägel mit Köpfen und erklärte sich mit Einverständnis der Geheimen Konferenz zur Interimskaiserin. Den Adressaten des Briefs, Bischof Wilhelm Franz von Nesselrode, kommandierte sie als Berater an ihren Hof ab.

Staatsräson ging vor Trauer, Disziplin vor persönlichem Schmerz. Eleonore war ohnehin ein herber Charakter, fromm bis zur Selbstgeißelung: So soll sie Armbänder getragen haben, die an der Innenseite mit Nägeln besetzt waren und ihre Handgelenke blutig stachen. Sie zeigte sich stets fast vollständig verhüllt, bevorzugt in Schwarz. Bei Opernbesuchen war sie mit einem Psalmenbuch gerüstet, in dem sie während der Aufführung las. Das frivole Vergnügen auf der Bühne sollte ihre frommen Gedanken nicht in Gefahr bringen. Es ist denkbar, dass sie deshalb häufiger mit ihrem Erstgeborenen aneinandergeriet. Joseph war ein Lebemann, ein Draufgänger. Die Frömmigkeit seiner Mutter war ihm fremd, seine Leidenschaft galt weltlichen Dingen: der Musik, der Jagd, den Frauen. Später sollte auch sein Testament für Aufruhr sorgen. Seiner frommen Mutter vererbte Joseph eine Summe von 50 000 Gulden, seine Mätresse erhielt Schmuck und Kleider von zehnmal höherem Wert. Möglicherweise war das Verhältnis zwischen Mutter und Sohn zu seinen Lebzeiten belastet. Konnte sie den Verlust deshalb so schnell verdrängen? Wie es nach dem Tod ihres Sohns im Inneren von Kaiserin Eleonore aussah, nahm sie als Geheimnis mit ins Grab.

Vielleicht hat die Kaiserin im April des Jahres 1711 einfach nur so gehandelt, wie es von ihr erwartet wurde. Bis heute ist es unter Monarchen verpönt, Gefühle zu zeigen. Wer erinnert sich nicht an die reglose Mimik von Queen Elizabeth nach dem Tod von Prinzessin Diana?

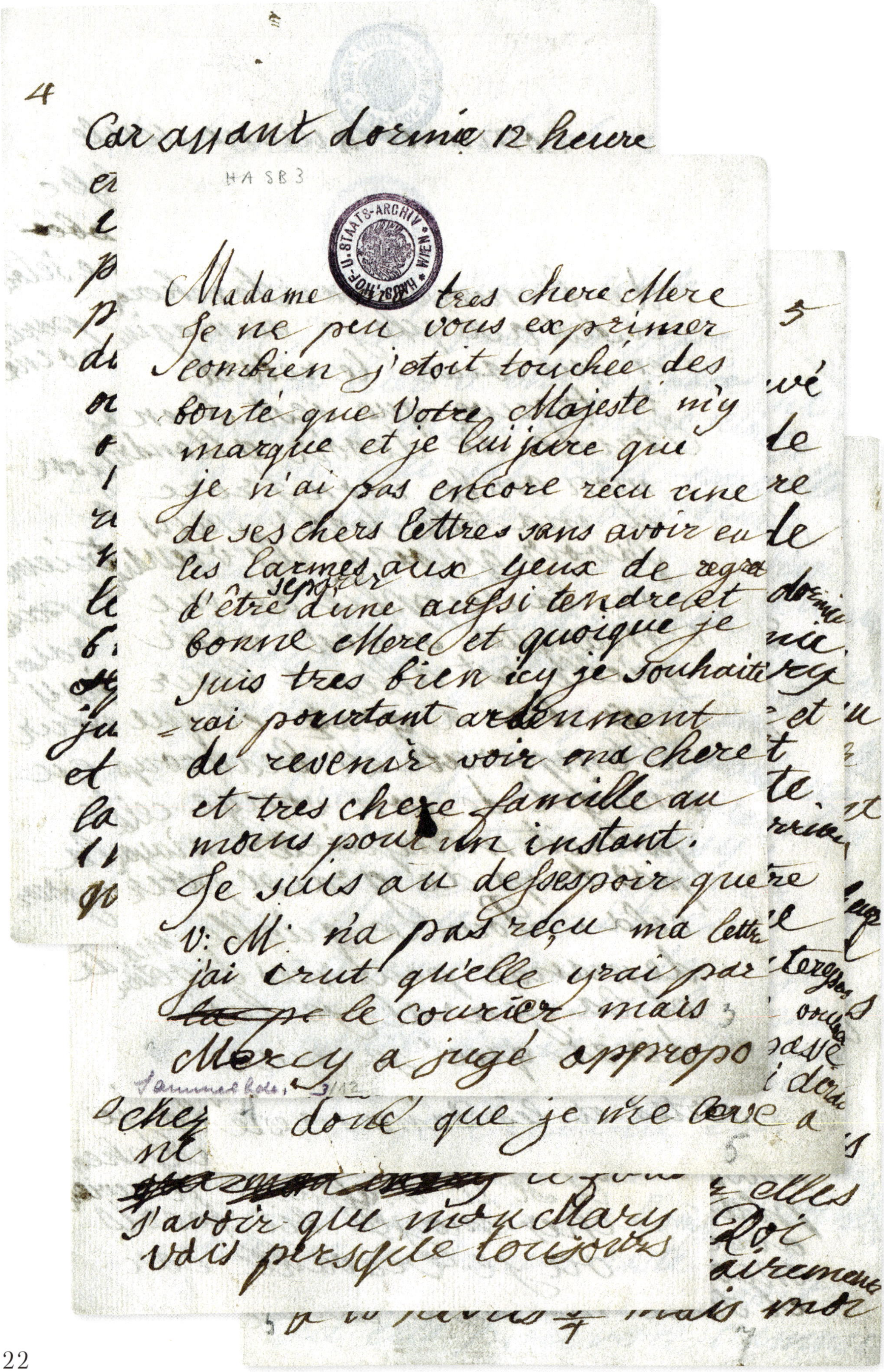
4
Car ayant dormi 12 heure

HA SB 3

Madame tres chere Mere
Je ne peu vous exprimer
combien j'etoit touchée des
bonté que Votre Majeste m'y
marque et je lui jure que
je n'ai pas encore reçu une
de ses chers lettres sans avoir eu
les larmes aux yeux de regret
d'être separer d'une aussi tendre et
bonne Mere et quoique je
suis tres bien icy je souhaite-
rai pourtant ardemment
de revenir voir ma chere et
tres chere famille au
moins pour un instant.
Je suis au dessespoir que
V: M: n'a pas reçu ma lettre
j'ai crut qu'elle yrai par
~~la~~ le courier mais
Mercy a jugé appropo

donc que je me leve a

s'avoir que mon Mary
vais persque toujours

MARIE ANTOINETTE an Kaiserin Maria Theresia

Choisy, 12. Juli 1770

Ich kann nicht sagen, wie sehr ich von der Güte gerührt war, die mir Eure Majestät in Ihren Briefen zeigen; und ich schwöre Ihnen, daß ich noch keinen Ihrer teuren Briefe ohne Tränen des Bedauerns in den Augen empfangen habe, weil ich von einer so zärtlichen und guten Mutter getrennt bin; und obwohl ich mich hier sehr wohl fühle, würde ich doch heiß wünschen, zurückzukehren, um wenigstens für einen Augenblick meine teuere und geliebte Familie zu sehen.

Ich bin in Verzweiflung, weil Eure Majestät meinen Brief nicht erhalten haben. Ich habe geglaubt, daß er mit dem Kurier abgehen würde, aber Mercy hat es für ratsam gehalten, ihn durch Forcheron zu schicken, was nach meiner Meinung die Verzögerung verursacht hat. Ich finde es sehr traurig, meinen Onkel, meinen Bruder und meine Schwägerin erwarten zu müssen, ohne zu wissen, wann sie kommen werden. Ich flehe Sie an, mir zu sagen, ob es wahr ist, daß Sie ihnen bis Graz entgegen gefahren sind und der Kaiser von seiner Reise sehr abgemagert ist; das würde mich beunruhigen, da er nicht zu viel Fett übrig hat.

Hinsichtlich meiner Andachten und der Generalin [Ein Ausdruck für „Menstruation", auf den sich Maria Theresia und Marie Antoinette verständigt hatten] über die Sie mich befragt haben, teile ich Ihnen mit, daß ich nur einmal kommuniziert habe; ich habe vorgestern beim Abbé Maudoux gebeichtet. Da es aber der Tag war, an dem ich geglaubt habe, nach Choisy zu reisen, habe ich nicht kommuniziert; ich habe gemeint, an diesem Tag zu sehr zerstreut zu sein. Was die Generalin betrifft, so kommt sie schon den vierten Monat nicht, ohne daß es dafür einen ersichtlichen Grund gäbe.

Unsere Reise nach Choisy hat sich um einen Tag verzögert, weil mein Gemahl einen Schnupfen mit Fieber hatte. Das ist aber nach einem Tag vorübergegangen, weil er sofort zwölfeinhalb Stunden geschlafen und sich dann wohlauf befunden hat und imstande war zu reisen. Wir sind also seit gestern hier – wo man seit ein Uhr isst, wo man bis ein Uhr nachmittags diniert, ohne sich zurückzuziehen – was mir sehr mißfällt.

Denn nach dem Diner spielt man bis sechs Uhr, dann geht man ins Theater, das bis halb zehn Uhr dauert, dann folgt das Souper. Von da an wird wieder eine, manchmal sogar eineinhalb Stunden gespielt. Doch hatte der König, als er gestern sah, daß ich mich nicht mehr aufrecht halten konnte, die Güte gehabt, mich um elf Uhr zurückzuschicken. Das hat mir große Freude gemacht, und ich habe bis halb elf sehr gut, obwohl allein, geschlafen. Mein Gemahl, der noch Diät hält, hat sich noch vor dem Souper zurückgezogen und sich in seinem Appartement schlafen gelegt, was ohne die Indisposition niemals vorkommt.

Eure Majestät ist zu gütig, sich für mich zu interessieren und sogar wissen zu wollen, wie ich meinen Tag verbringe. Ich will Ihnen also sagen, daß ich um zehn oder neun oder neuneinhalb Uhr aufstehe. Nachdem ich mich angekleidet habe, sage ich mein Morgengebet. Dann frühstücke ich und gehe darauf zu meinen Tanten, wo ich gewöhnlich den König finde [König Ludwig XV. ging vormittags zu seinen Töchtern, in deren Appartement er seinen Kaffee nahm]. Das dauert bis zehneinhalb Uhr. Darauf, um elf Uhr, gehe ich mich frisieren. Mittags ruft man den Hofstaat, und nun kann jedermann eintreten, ausgenommen jene, die nicht zum Adel gehören.

Ich lege mein Rouge auf und wasche meine Hände vor allen Leuten. Hierauf entfernen sich die Herren, die Damen bleiben, und ich kleide mich vor ihnen an. Um zwölf Uhr ist die Messe. Wenn der König in Versailles ist, gehe ich mit ihm, meinem Gemahl und meinen Tanten zur Messe. Ist er nicht da, gehe ich allein mit dem Dauphin, aber immer zur gleichen Stunde. Nach der Messe dinieren wir beide vor den Leuten. Aber das ist um halb zwei zu Ende, denn wir essen beide sehr schnell. Nachher gehe ich zum Dauphin. Wenn er etwas zu tun hat, gehe ich in mein Appartement zurück und lese, schreibe oder arbeite. Ich mache nämlich ein Wams für den König, mit dem ich nicht weiterkomme. Ich hoffe aber, daß es mit Gottes Hilfe in einigen Jahren fertig sein wird.

Um drei Uhr gehe ich nochmals zu meinen Tanten, wohin der König zu dieser Stunde kommt; um vier Uhr kommt der Abbé zu mir, jeden Tag um fünf Uhr der Klavierlehrer oder der Gesanglehrer bis sechs Uhr. Um halb sieben gehe ich fast immer zu meinen Tanten, falls ich nicht spazierengehe. Sie müssen wissen, daß mein Gemahl fast immer mit mir zu den Tanten geht. Von sieben Uhr bis neun spielt man. Wenn es aber schön ist, gehe ich zu einem Spaziergang aus, und dann findet das Spiel nicht bei mir, sondern bei meinen Tanten statt. Um neun Uhr soupieren wir. Wenn der König nicht da ist, kommen die Tanten zu mir soupieren. Wenn der König aber anwesend ist, gehen wir nach dem Abendessen zu ihnen. Wir erwarten den König, der gewöhnlich um drei Viertel

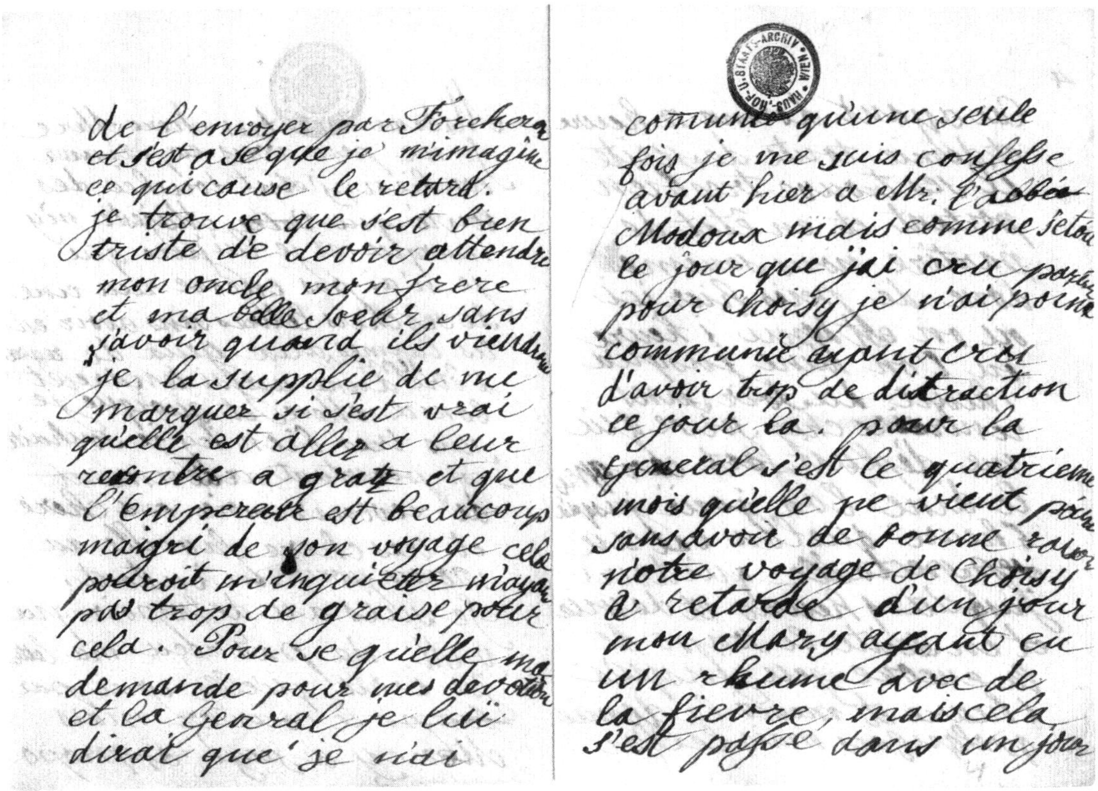

de l'envoyer par Forcher
et sest a se que je mimagine
ce qui cause le retard.
je trouve que sest bien
triste de devoir attendre
mon oncle mon frere
et ma belle soeur sans
savoir quand ils viendr
je la supplie de me
marquer si sest vrai
quelle est aller a leur
rencontre a gratz et que
l'Empereur est beaucoup
maigri de son voyage cela
pourroit m'inquieter n'ayant
pas trop de graise pour
cela. Pour se quelle me
demande pour mes devotion
et la general je lui
dirai que je n'ai

communie quune seule
fois je me suis confesse
avant hier a Mr. l'abbe
Modoux mais comme setoi
le jour que j'ai cru parti
pour Choisy je n'ai poin
communie ayant crai
d'avoir trop de distraction
ce jour la. pour la
general s'est le quatrieme
mois quelle ne vient poin
sans avoir de bonne raiso
notre voyage de Choisy
a retarde d'un jour
mon Mary ayant eu
un rhume avec de
la fievre, mais cela
s'est passe dans un jour

elf Uhr kommt. Ich aber lege mich unterdessen auf ein großes Kanapee und schlafe bis zur Ankunft des Königs.

Wenn er aber nicht da ist, gehen wir um elf Uhr schlafen. Das ist unser ganzer Tag. Über das, was wir an Sonn- und Feiertagen machen, behalte ich mir vor, Ihnen ein anderes Mal zu berichten. Ich flehe Sie an, meine geliebte Mutter, mir zu verzeihen, wenn mein Brief zu lang geworden ist, aber meine einzige Freude ist es, mit Ihnen zu sprechen. Ferner bitte ich um Verzeihung, weil mein Brief schmutzig ist. Ich mußte ihn aber an zwei aufeinander folgenden Tagen bei meiner Toilette schreiben, da mir keine andere Zeit übrigbleibt; und wenn ich Ihnen nicht genau antworte, so nur, wie Sie mir glauben mögen, aus der großen Eile heraus, den Brief zu verbrennen [Gemäß der Anweisung der Kaiserin. Die Dauphine war überzeugt, daß bei ihr nichts in Sicherheit war, weshalb sie sofort die Briefe der Mutter verbrannte. Sie schrieb nur bei ihrer Toilette und ließ keinen Brief in ihrem Sekretär]. Ich muß schließen, um mich anzukleiden und mit dem König zur Messe zu gehen. Es gereicht mir zur Ehre, Ihre gehorsamste Tochter zu sein. Ich schicke Ihnen die Liste der Geschenke, die ich erhalten habe, weil ich glaube, daß Sie das amüsieren könnte.

(Übersetzung aus dem Französischen von Paul Christoph)

MARIE ANTOINETTE an Kaiserin Maria Theresia

Weltweit werden täglich Tausende minderjähriger Mädchen verheiratet, unzählige solcher Ehen werden aus finanziellen oder religiösen Gründen arrangiert. Die Kinder haben dabei keinerlei Mitbestimmungsrecht. Reportagen über Kinderbräute in Afghanistan, Indien oder im Jemen sorgen in der westlichen Welt zu Recht regelmäßig für Entrüstung. Doch es ist gar nicht so lange her, da wurden auch im christlichen Europa Ehen arrangiert und Kinder zwangsverheiratet. „Schönheit vergeht, Hektar besteht" – das durften sich bis ins 20. Jahrhundert hinein heiratsunwillige Bauernsöhne von ihren Vätern anhören. Wenn die Braut kräftig war, sodass sie gut auf dem Hof mitarbeiten und viele Kinder bekommen konnte, und obendrein eine gute Mitgift in die Ehe brachte, spielten Gefühle keine Rolle.

Auch am anderen Ende der gesellschaftlichen Skala, an den Höfen der europäischen Königshäuser, waren Heiratsverhandlungen über die eigenen Kinder gang und gäbe. Eine berühmte europäische Kinderheirat war die zwischen Marie Antoinette, von Geburt Erzherzogin von Österreich, und dem Dauphin Louis-Auguste, dem französischen Thronfolger und späteren Ludwig XVI. Sie war 1770 bei der Hochzeit 14, er 15 Jahre alt. Aus der Prinzessin Maria Antonia wurde die Dauphine Marie Antoinette. Hinter der arrangierten Teenager-Ehe stand nicht Liebe, sondern große Politik: Den beiden Adelsfamilien ging es um die Festigung des französisch-österreichischen Bündnisses. Denn schon seit dem 15. Jahrhundert hieß es:

Bella gerant alii, tu felix Austria nube.
Nam quae Mars aliis, dat tibi diva Venus.

(Kriege führen mögen andere, du, glückliches Österreich, heirate.
Denn was Mars den anderen gibt, gibt dir die göttliche Venus.)

Der Briefwechsel von Marie Antoinette und ihrer Mutter, der österreichischen Kaiserin Maria Theresia, belegt, dass bei den Jungvermählten der Haussegen

MARIE ANTOINETTE wurde am 2. November 1755 als Maria Antonia Josepha Johanna, Erzherzogin von Österreich, in Wien geboren. Ihre Eltern waren Maria Theresia und Kaiser Franz I. Stephan von Lothringen. Sie wuchs mit 12 Geschwistern auf und erhielt eine strenge und umfassende Erziehung. Aus außenpolitischen Erwägungen setzte Marie Antoinettes Mutter Maria Theresia alles daran, ihre Kinder möglichst so zu verheiraten, dass Österreich davon profitierte. Mit 14 Jahren wurde Marie Antoinette deshalb mit dem Dauphin Louis-Auguste verheiratet, der in der französischen Thronfolge zunächst an dritter Stelle stand. Mit einem eigenen Brautzug wurde die junge Prinzessin am 21. April 1770 auf den Weg nach Paris geschickt, am 16. Mai folgte die Hochzeitsfeier in Schloss Versailles.

Marie Antoinette sprach fließend Französisch. Dennoch hatte sie große Schwierigkeiten, sich am Hof in Versailles zurechtzufinden. Sie kannte die französischen Gebräuche kaum und nutzte jede Chance auf Amüsement, die sich bot, etwa bei Opern- oder Ballbesuchen. Zudem ging sie recht verschwenderisch mit Geld um. Als ihr Schwiegervater, König Ludwig XV., im Jahr 1774 starb, bestieg sie mit ihrem Mann Louis-Auguste, der mittlerweile an die Spitze der Thronfolge aufgerückt war, den französischen Thron. Zunächst war das Volk vom jungen Monarchenpaar sehr angetan. Doch ihre Probleme mit der höfischen Etikette und ihre Vergnügungssucht machten Marie Antoinette bei der hungernden Bevölkerung zunehmend unbeliebt. Marie Antoinettes Bruder, Kaiser Joseph II., machte ihr bei einem Besuch unmissverständlich klar, dass ihr undiplomatisches Verhalten große Probleme nach sich zog. Die Ermahnung fruchtete: Marie

gelegentlich schief hing. Kein Wunder, schließlich stand das junge Paar, das sich kaum kannte, unter ständiger öffentlicher Beobachtung. Insbesondere Marie Antoinette, die einen kostspieligen Lebenswandel pflegte, brachte die französische Öffentlichkeit gegen sich auf. Die Gemahlin des Kronprinzen war fröhlich und lebenslustig, aber eben auch ein wenig unordentlich, störrisch und zerstreut. Marie Antoinette interessierte sich hauptsächlich für Mode und Frisuren und amüsierte sich lieber, als sich ihren Verpflichtungen zu widmen. Kurz: Sie war ein ziemlich normaler Teenager und mit ihrer neuen Rolle heillos überfordert.

Nicht nur die öffentliche Meinung schränkte die Freiheit der kindlichen Eheleute ein, sie standen auch nach wie vor unter der Fuchtel der eigenen Eltern. Besonders Marie Antoinettes Mutter Maria Theresia mischte sich ständig in die Angelegenheiten ihrer Tochter ein. Die misstrauische Mutter verließ sich dabei nicht nur auf die detailreichen Beschreibungen von Marie Antoinette, sie hielt ihre Tochter auch im fernen Versailles an der kurzen Leine und ließ sie von Höflingen bespitzeln und beaufsichtigen. Sie wusste, dass ihre Tochter regelrecht süchtig nach dem Kartenspiel Pharo war, bei dem sie hohe Summen verspielte. Und Maria Theresia erfuhr, wenn die Dauphine wieder am Spieltisch die Nacht zum Tage gemacht hatte, während sich der Gemahl längst ins Bett gelegt hatte. Apropos Bett: Selbst über die intimste aller Angelegenheiten musste Marie Antoinette ihrer Mutter per Brief Bericht erstatten. Im Ehebett des Prinzenpaars herrschte nämlich tote Hose. Die Ehe zwischen Marie Antoinette und Ludwig blieb jahrelang platonisch, weil sich der Thronfolger zierte, und wohl auch, weil er mit körperlichen Problemen zu kämpfen hatte. Die Mutter gab per Post Ratschläge, wie die Ehefrau sich zu verhalten habe, damit es endlich zum gewünschten Ergebnis käme. Die guten Tipps halfen wenig: Erst nach acht Jahren Ehe vermeldete Marie Antoinette „Vollzug". Die Einmischung der Kaiserin in das Sexualleben ihrer Tochter entstammte nicht persönlicher Neugier oder Indiskretion. Alles war politisch motiviert. Eine Ehe ohne Sex, das hieß auch: keine Kinder, keine möglichen Thronfolger – und das konnte zum Risiko für das Bündnis zwischen Frankreich und Österreich werden. Erst im Dezember 1778, als Ludwig XVI. bereits seit vier Jahren den französischen Thron innehatte, kam das erste Kind des Paars, eine Tochter, zur Welt. Nach französischem Recht war diese ohne dynastischen Wert. Die Geburt des lang ersehnten ersten männlichen Kindes im Jahr 1781 erlebte Marie Antoinettes Mutter nicht mehr, Kaiserin Maria Theresia war 1780 gestorben.

Damit blieb es Maria Theresia aber auch erspart, Zeugin des traurigen Endes ihrer Tochter zu werden. Das französische Königspaar fiel der Französischen

Antoinette hielt sich stärker zurück. Außerdem kam endlich die Familienplanung in Gang, 1778 brachte Marie Antoinette ihr erstes Kind, Marie Thérèse Charlotte, zur Welt. Doch erst mit der Geburt ihres ersten männlichen Nachkommens Louis Joseph Xavier François 1781 gewann die Königin wieder an Popularität. Sie konnte die öffentlichen Sympathien aber nicht lange halten. Im Volk kursierte das Gerücht, die Königin habe auf den Vorwurf, die Armen könnten sich kein Brot kaufen, geantwortet: „Wenn sie kein Brot haben, dann sollen sie Kuchen essen." 1785 wurde ihr zusätzlich die sogenannte Halsbandaffäre am Hof zum Verhängnis, obwohl sie an der verzwickten Intrige gar nicht beteiligt gewesen war. Als sie im Theater von den Zuschauern ausgebuht wurde, beschloss sie, ihren Lebenswandel zu ändern.

Vergebens. Im Zuge der Französischen Revolution wandte sich die aufgebrachte Bevölkerung ab 1789 zunehmend gegen die Monarchie und auch gegen Marie Antoinette. Die Königsfamilie versuchte deshalb 1791 die Flucht ins Ausland, wurde jedoch in Varennes aufgegriffen und nach Paris zurückgebracht. Nach dem Sturm auf die Tuilerien am 10. August 1792 wurde Marie Antoinette gemeinsam mit ihrem Mann inhaftiert. Als Ludwig XVI. am 21. Januar 1793 hingerichtet wurde, erhielt sie öffentliche Anerkennung für ihre Gefasstheit. Auch Marie Antoinette wurde zum Tode verurteilt. Sie starb am 16. Oktober 1793 durch die Guillotine und wurde in einem Massengrab beerdigt. Über 20 Jahre später wurde Marie Antoinettes Leichnam exhumiert und in der Basilika Saint-Denis in Paris an der Seite ihres Mannes beerdigt.

MARIA THERESIA wurde am 13. Mai 1717 in Wien geboren. Sie war die Erbtochter Kaiser Karls VI. – Maria Theresias Vater hatte mit der Pragmatischen Sanktion schon vor ihrer Geburt, nämlich im Jahr 1713, dafür gesorgt, dass auch eine Tochter die Thronfolge antreten konnte.

Am 12. Februar 1736 heiratete Maria Theresia den Herzog Franz Stephan von Lothringen, der politisch in der Ehe die zweite Geige zu spielen hatte. Die beiden Eheleute mochten sich sehr, aus der Ehe gingen 16 Kinder hervor. 1740 übernahm Maria Theresia die Regierung der habsburgischen Gesamtlande. Maria Theresia war eine sehr fromme und mütterliche Kaiserin, aber sie war auch eine kluge Politikerin. Insbesondere vom expansionshungrigen Preußen wurden ihr mehrere Kriege aufgezwungen. Dabei verlor das Haus Habsburg zwar größere Ländereien, vor allem Schlesien. Dennoch gelang es Maria Theresia, Österreich im Spiel der europäischen Großmächte zu halten.

Im Inneren reformierte sie ab 1749 erfolgreich das österreichische Staatswesen, indem sie neue Landesbehörden schuf und die verschiedenen Länder durch eine Zentralgewalt zusammenfasste. Außerdem war sie eine Förderin des Handels und der Textilindustrie und sorgte später mit der Einführung der „Constitutio Criminalis Theresiana" für ein neues Strafgesetzbuch. Wegen ihrer Reformen – Abschaffung der Folter, Verbesserungen für die bäuerlichen Leibeigenen, Abschaffung der Steuerfreiheit für Adelige und Klerus und Einführung eines Volksschulwesens – wurde Maria Theresia von ihren Untertanen sehr verehrt.

Nach dem Tod ihres Mannes 1765 trug Maria Theresia nur noch Schwarz. Ab diesem Zeitpunkt regierte sie gemeinsam mit ihrem Sohn Joseph, mit dem sie aber politisch wenig verband. Maria Theresia starb am 29. November 1780 in Wien und wurde in der Kapuzinergruft beigesetzt.

Revolution zum Opfer. Ludwig XVI. wurde im Januar, Marie Antoinette im Oktober 1793 hingerichtet. Die Guillotine machte alle Erwägungen einer dynastischen Heiratspolitik hinfällig.

Hätte Maria Theresia geahnt, dass die Französische Revolution der Monarchie sowieso ein Ende setzen würde, hätte sie ihre Tochter bestimmt nicht nach Frankreich geschickt. So aber mussten sich ein Mädchen, das gerne Nacht für Nacht beim Kartenspiel Geld verzockte, und ein Junge, der sich am liebsten zum Basteln in die Werkstatt zurückzog, miteinander arrangieren und sich dafür rechtfertigen, nicht rasch genug Nachwuchs fürs Königshaus zu produzieren.

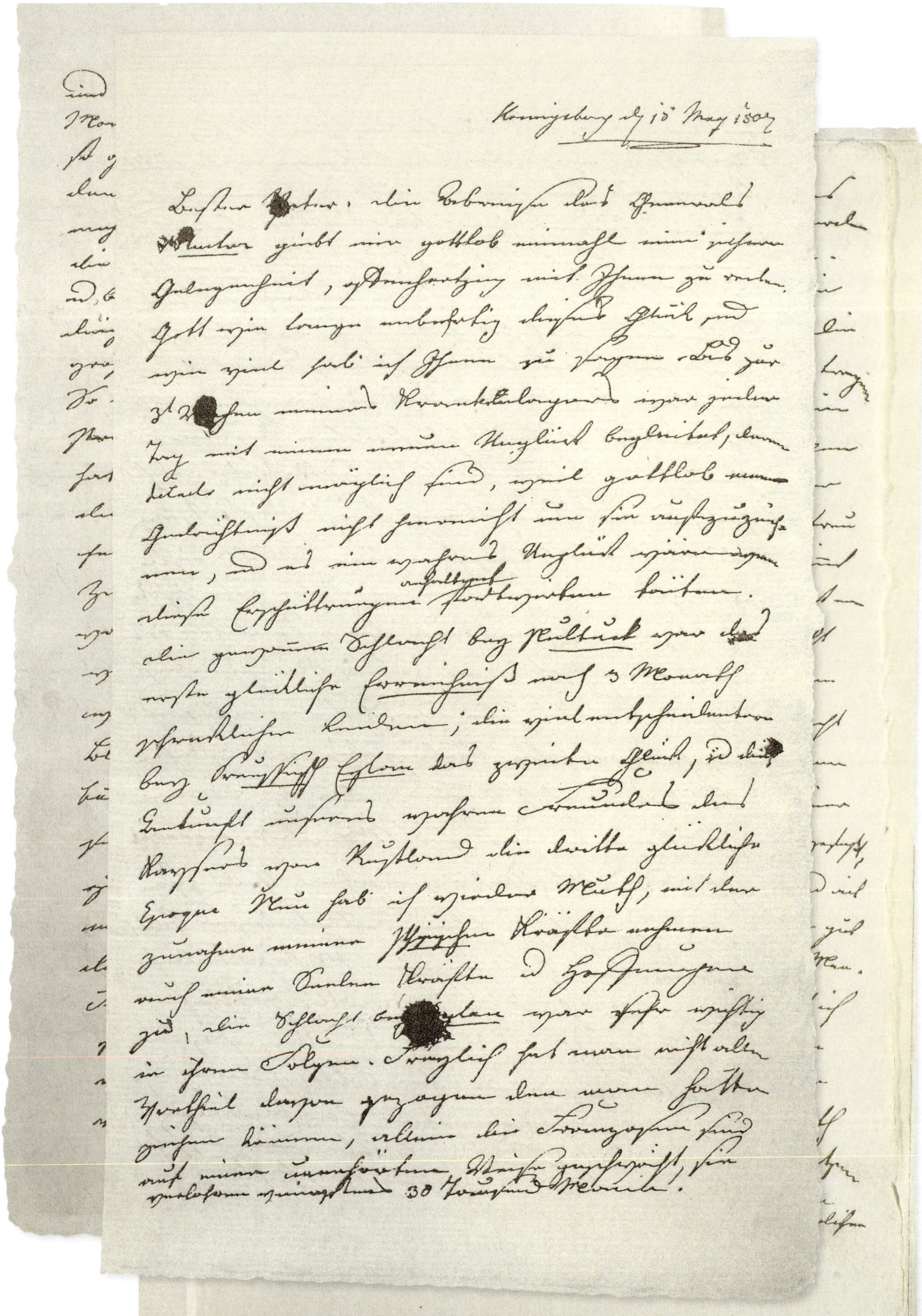

Königsberg d. 15t May 1807

Bester Vater, der Ueberbringer des Generals Kleist giebt mir gottlob nunmehr eine sichere Gelegenheit, offenherzig mit Ihnen zu reden. Gott wie lange unbefriedigt dieses Glück und wie viel hab ich Ihnen zu sagen. Seit zur 3t Wochen meines Krankenlagers war jeder Tag mit einem neuen Unglück begleitet, dessen Details nicht möglich sind, weil gottlob [illegible] Gedächtniß nicht hinreicht um sie aufzuzeichnen, und es ein wahres Unglück wäre, diese Erschütterungen erhalten fortbeschreiben könnten. Die gewonnene Schlacht bey Pultusk war die erste glückliche Begebenheit nach 3 Monath schrecklicher Leiden; die viel entscheidender bey Preussisch Eylau das zweite Glück, und die Zukunft unseres wahren Freundes des Kaysers von Russland die dritte glückliche Epoque. Nun hab ich wieder Muth, mit den zunehmenden meiner physischen Kräfte nehmen auch meine Seelen Kräfte u. Hoffnungen zu, die Schlacht bey Eylau war sehr wichtig in ihren Folgen. Freylich hat man nicht allen Vortheil davon gezogen den man hätte ziehen können, allein die Franzosen sind auf eine unerhörte Weise geschwächt, sie verloren wenigstens 30 tausend Mann!

KÖNIGIN LUISE an ihren Vater

Königsberg den 15 May 1807

Bester Vater, die Abreise des Generals Blücher giebt mir gottlob einmahl eine sichere Gelegenheit, offenhertzig mit Ihnen zu reden. Gott wie lange enbehrtig dieses Glück, und wie viel hab ich Ihnen zu sagen. Bis zur 3. Woche meines Krankenlagers war jeder Tag mit einem neuen Unglück begleitet, davon details nicht möglich sind, weil gottlob mein Gedächtniß nicht hinreicht um sie aufzuzeichnen, und es ein wahres Unglück wäre wenn diese Erschütterungen anhaltend fortwirken könnten. Die gewonnene Schlacht bey Pultusk war das erste glückliche Ereigniß nach 3 Monath schrecklicher Leiden; die viel entscheidentere bey Preußisch Eylau das zweite Glück, und die Ankunft unseres wahren Freundes des Kaysers von Rußland die dritte glückliche Epoque. Nun hab ich wieder Muth, mit der Zunahme meiner physischen Kräfte nehmen auch meine Seelen Kräfte und Hoffnungen zu, die Schlacht bey Eylau war sehr wichtig in ihren Folgen. Freylich hat man nicht allen Vortheil davon gezogen den man hätte ziehen können, allein die Franzosen sind auf eine unerhörte Weise geschwächt, sie verloren wenigstens 30 Tausend Mann, und die Unbeweglichkeit die bey ihnen ist seit 3 Monath, ist wohl der sicherste Beweis, daß sie so geschwächt sind, daß sie nicht an neue Eroberung denken können. Einer ihrer déserteurs die noch von mehreren begleitet waren, sagte mir daß die Bataile von Eylau ihnen 70tausend Todte und blessierte gekostet hätte, und daß sie schlechterdings nichts zu leben hätten, und mit dem größten Elend aller Art zu kämpfen hätten. So viel ist sicher daß sie den Rußen und Preußen 18tausend Todte und bleßierte gekostet hat, und daß Königsberg fürchterlich ist, wegen die leidenten Menschen die überall nicht gehen sondern kriechen. Doch die gute Jahreszeit, der Patriotismuß der sich mit der erwachenden Natur in jedes Preußen Brust wieder einfindet, die activitet die man bey uns wahr nimt, die Sendung des vortreflichen Blüchers nach Pommern, alle die reserve bataillons die erst seit Monathe organisirt sind und jetzt, theils vorgehen, theils schon gut gefochten haben, alles dieses belebt mit neuen Hoffnungen. Mehr als alles dieß, die herrliche ja wirklich göttliche Freundschaft des Kaysers und Königs, der feste Gang in der Politique, die Wiedereinsetzung des guten Hardenbergs wird uns Freunde Vertrauen und hohe Achtung verschaffen.

Ja bester Vater ich bin überzeugt es wird noch alles gut gehen, und wir werden uns noch einmahl wieder glücklich sehen. Die Belagerung von Danzig geht gut, die Einwohner benehmen sich unbegreiflich, die Soldaten haben unbegreifliche Lasten zu tragen aber die Einwohner geben ihnen Wein und Fleisch um sie zu stärken. Sie wollen von keiner

KÖNIGIN LUISE an ihren Vater

Übergabe reden hören, lieber unter Schutt begraben werden, als Untreu an ihrem König handeln. Eben so benimmt sich Graudenz und Collberg. Gottlob daß man einmahl wieder auf ehrliche ihrer Pflicht getreue Menschen stößt. Gott! waß haben wir vor entsetzliche Erfahrungen gemacht waß für Menschen haben wir kennen lernen. So lange wir an den Folgen einer unglücklichen Schlacht litten, so war ich gefaßt, man hat schon mehr ehnliche Fälle gesehen, und mit der Zeit konnte man hoffen es wieder gut zu machen, als aber die infami der Menschen mit ins Spiel kam, da war ich, ich gesteh' es trostlos! Denn von nun an hörte alle Berechnung auf. Die festen Plätze gingen durch Feigheit und Verrath über, die uns Schutz und dem Unglück Grentzen setzen sollten. Der Comandant hatte dem König in die Hand versprochen Cüstrin als ehrlicher Mann und Soldat zu deffendiren und 8 Tage darauf war sie durch Verrath dieses ..... in den Händen des Feindes. – Doch genug von den vergangenen Greueln, wenden wir unseren Blick zu Gott, zu ihm, der unsere Schiksale lenkt, der uns nie verläßt wenn wir ihn nicht verlaßen. [...]

Luise bezauberte alle. Als König Friedrich Wilhelm II. von Preußen, im Übrigen ein ziemlicher Wüstling, die mädchenhafte Prinzessin das erste Mal sah, nannte er sie einen „Engel" und arrangierte schleunigst die Verlobung mit seinem ältesten Sohn und Thronfolger. Der Dichter Friedrich de la Motte Fouqué schrieb über die 17-Jährige, ihre Anmut und Herzensgüte habe niemanden unbeglückt gelassen. Selbst der große Goethe war begeistert. Nachdem Luise und ihre Schwester die preußischen Truppen während der Belagerung von Mainz besucht hatten, schrieb er: „Und wirklich konnte man in diesem Kriegsgetümmel die beiden jungen Damen für himmlische Erscheinungen halten, deren Eindruck auch mir niemals verlöschen wird."

Es war eine kriegerische Zeit. Die Französische Revolution von 1789 hatte die alte Ordnung weggefegt. Unter den europäischen Monarchen ging die Angst um, dass sich auch in ihren Königreichen und Fürstentümern das Volk erheben könnte. In den Koalitionskriegen

LUISE AUGUSTE WILHELMINE AMALIE, Herzogin zu Mecklenburg, wurde am 10. März 1776 in Hannover geboren. Sie war die Tochter des Herzogs Karl zu Mecklenburg-Strelitz. Luise wuchs in der Obhut ihrer Großmutter auf, da ihre Mutter, Friederike von Hessen-Darmstadt, bereits 1782 gestorben war. 1793 wurde die 17-Jährige dem späteren König Friedrich Wilhelm III. von Preußen vorgestellt, den sie an Weihnachten desselben Jahres in Berlin heiratete. Am 16. November 1797 bestieg Friedrich Wilhelm III. den preußischen Thron. Das Königspaar war im Volk äußerst beliebt, besonders Luise wurde von den Menschen verehrt. Schockiert durch die von Napoleon angeordnete Erschießung des Herzogs von Enghien im Jahr 1803 wollte Luise Trauer tragen, wie es an anderen Höfen Europas getan wurde, ließ sich aber aus politischer Rücksichtnahme davon abbringen. Die Expansionspolitik Napoleons empörte die junge Königin und führte dazu, dass sie sich mehr und mehr in die Geschäfte ihres Mannes einmischte. 1806 musste die Königsfamilie vor Napoleons Truppen nach Ostpreußen fliehen. 1809 konnte das Königspaar mit Napoleons Erlaubnis nach Berlin zurückkehren, die politischen Verhältnisse blieben jedoch schwierig. Luise und ihr Mann reisten im folgenden Jahr auf das Lustschloss Hohenzieritz, wo Luise an einer Lungenentzündung erkrankte. Mit nur 34 Jahren starb sie am 19. Juli an den Folgen der Krankheit. Sie wurde in einem

kämpften ab 1792 die europäischen Mächte in wechselnden Bündnissen gegen die Verbreitung revolutionärer Ideen und die Expansion Frankreichs. Anfangs, im Ersten Koalitionskrieg von 1792 bis 1797, war Preußen mit dabei. Nur war dieser Krieg noch weit weg. Während des Zweiten Koalitionskriegs von 1798 bis 1802 und des Dritten Koalitionskriegs von 1805 blieb Preußen neutral. Für diesen Aufschub sorgte Luises Ehemann Friedrich Wilhelm III., der 1797 den Thron bestiegen hatte. Luise selbst beschränkte sich weitgehend auf den häuslichen Einflussbereich, mit der Ausnahme, dass sie 1802 bei einem Treffen in Memel den russischen Zaren Alexander I. traf und mit ihrem Charme die preußische Bündnispolitik unterstützte. Ansonsten brachte sie zehn Kinder zur Welt und war dem Monarchen eine liebevolle und fürsorgliche Gefährtin.

1806 aber endeten die stillen Jahre. Napoleon hatte 16 deutsche Staaten auf seine Seite gezogen und vereinte sie am 12. Juli 1806 im Rheinbund. Friedrich Wilhelm III. zögerte lange mit seiner Reaktion auf diese feindliche Allianz. Erst am 9. Oktober 1806, bedrängt von Beratern und auch seiner Frau Luise, rang sich der Preußenkönig dazu durch, Frankreich den Krieg zu erklären. Nun hatte die Weltpolitik die junge Königin Luise eingeholt.

Unterstützt wurde Preußen in diesem (nach Zählweise der Historiker) Vierten Koalitionskrieg gegen Frankreich lediglich von schwachen Bündnispartnern, vom Kurfürstentum Sachsen, vom Herzogtum Sachsen-Weimar sowie, und das anfangs auch nur auf dem Papier, von Russland. Das Zarenreich war im Dritten Koalitionskrieg empfindlich von Napoleon geschlagen worden und sah sich außerstande, den Bündnispartnern militärisch beizuspringen. Bereits fünf Tage nach der Kriegserklärung, am 14. Oktober 1806, trafen sich die Heere in den Schlachten bei Jena und Auerstedt. Napoleon besiegte die Preußen vernichtend und marschierte am 27. Oktober in Berlin ein. Vor den napoleonischen Truppen flohen Friedrich Wilhelm III. und

Mausoleum im Park von Schloss Charlottenburg begraben. Ihre letzte Ruhestätte wurde zum preußischen Wallfahrtsort. Bald nach ihrem Tod wurde die junge und schöne Königin als patriotische Märtyrerin, große Dulderin und – dank ihrer zehn Kinder – als Idealmutter verklärt und politisch instrumentalisiert.

Der Vater Königin Luises, Herzog **KARL II.** zu Mecklenburg-Strelitz, wurde am 10. Oktober 1741 in Mirow geboren. Er entstammte einer Nebenlinie des herzoglichen Hauses Mecklenburg-Strelitz. Als sein Onkel ohne männlichen Nachfahren starb, ging der Thron des kleinen Teilherzogtums erst an seinen älteren Bruder, und als auch dieser 1794 starb, an Karl über. Als Herrscher straffte er die Verwaltung seines kleinen Landes und mühte sich um Modernisierung. 1815, beim Wiener Kongress, stieg Herzog Karl II. zum Großherzog von Mecklenburg auf. Er starb am 6. November 1816 in Neustrelitz. Zu seinen Kindern und insbesondere zu seiner Tochter Luise hatte er ein enges Verhältnis. Die letzten Worte, die von Königin Luise überliefert sind, hat sie an ihren Vater gerichtet: „Mon cher père. Je suis bien heureuse aujourd'hui, comme Votre fille, et comme Épouse du meilleur des Époux!" (Mein lieber Vater. Ich bin heute als Eure Tochter und als Frau des besten aller Männer sehr glücklich!)

Luise nach Ostpreußen. In Königsberg angekommen, erkrankte Luise an Typhus – und Napoleon näherte sich der Stadt. Schwer krank, beschloss die Königin, im tiefsten Winter die Flucht über die Kurische Nehrung nach Memel fortzusetzen. Überliefert ist ihr Ausspruch: „Ich will lieber in die Hände Gottes als dieser Menschen fallen." Wer nach solchen Ereignissen derartige Sätze loslässt, wird zur Legende.

Die Flucht gelang, die Königin überlebte, Preußen setzte den Krieg mit russischer Hilfe fort. Zwar verliefen die beiden Schlachten von Pułtusk und bei Preußisch Eylau für die preußisch-russische Allianz lange nicht so günstig, wie es Königin Luise in ihrem Brief vom 15. Mai 1807 an ihren Vater Karl II., Herzog zu Mecklenburg-Strelitz, darstellt. Aber immerhin gelang es Russland und Preußen, der militärischen Vernichtung durch Frankreich zu entgehen. Wie politisiert Luise zu diesem Zeitpunkt bereits war, zeigt ihr Brief. Als sie ihrem Vater schrieb, ging es kaum um persönliche Befindlichkeiten. Ihre Nachricht war ein recht genaues Protokoll der geschlagenen Schlachten, in dem sie sogar die Zahl der Toten und Verwundeten nannte.

Der Brief zeigte auch, dass Luise Hoffnung schöpfte. Diese Hoffnung wurde einen knappen Monat später bitter enttäuscht. Am 14. Juni 1807 errangen die Franzosen gegen die russischen und preußischen Truppen in der Schlacht bei Friedland einen eindeutigen Sieg. Russland suchte einen Sonderfrieden mit Frankreich. Preußen stand nun allein da und musste bei den Friedensverhandlungen von Tilsit auf das Schlimmste gefasst sein. Tatsächlich behandelte der Franzosenkaiser den Preußenkönig wie einen Laufburschen und drohte, er wolle einen Teil Preußens seinem Reich einverleiben und den anderen Russland überlassen.

In dieser gefährlichen Situation unternahmen der preußische Staatsminister Karl August von Hardenberg und der preußische Unterhändler Friedrich Adolf Graf von Kalckreuth einen verzweifelten Versuch: Königin Luise sollte in die Friedensverhandlungen mit Napoleon eingreifen und verhindern, dass Preußen von der Landkarte gestrichen wurde. Das war mehr als gewagt. Luise bezeichnete Napoleon nur als das „Ungeheuer". Dieser kritisierte die Preußenkönigin öffentlich als Kriegstreiberin und verunglimpfte sie in seinen Bulletins als „schwertfuchtelnde Amazone". Nach der Besetzung Berlins hatte der Franzosenkaiser sogar wenig galant die dort aufgefundenen Briefe Luises an Alexander I. veröffentlichen lassen.

Wie schon Luises Flucht über die Kurische Nehrung, so wurde auch ihr Vier-Augen-Gespräch mit Napoleon legendär. Sie bat um Schonung und maßvolle Friedensbedingungen, er soll versucht haben, sie mit Komplimenten abzulenken. Ganz von der Politik konnte Napoleon aber auch nicht lassen. Als er die Königin etwas großspurig fragte, wie Preußen sich auf einen Krieg mit Frankreich einlassen konnte, soll sie mit dem Bonmot geantwortet haben: „Der Ruhm Friedrichs des Großen hat uns über unsere Mittel getäuscht." Aus der zarten Königin war also eine Diplomatin geworden, die mit Geist und Charme preußische Interessen zu verteidigen suchte. Leider ergebnislos, konkrete Zugeständnisse konnte Luise Napoleon nicht abringen. Der Frieden von Tilsit hatte zur Folge, dass Preußen weitreichende Gebietsverluste hinnehmen musste, jedoch wenigstens als Pufferstaat zwischen Russland und Frankreich erhalten blieb und damit nach dem Ende der napoleonischen Herrschaft wieder zu Glanz und Gloria aufsteigen konnte. Selbst für ihre Familie konnte Luise wenig erreichen. Napoleon verbot der Königsfamilie die Rückkehr nach Berlin, sodass sie das geschrumpfte Preußen von Königsberg aus regieren musste. Eines aber ist durch die Unterredung von Tilsit erreicht worden: Mit ihr endete die Zeit der gegenseitigen Beleidigungen. Seiner Frau Joséphine schrieb Napoleon: „Die Königin von Preußen ist wirklich bezaubernd, sie ist voller Koketterie zu mir. Aber sei ja nicht eifersüchtig, ich bin eine Wachsleinwand, an der alles nur abgleiten kann. Es käme mir teuer zu stehen, den Galanten zu spielen."

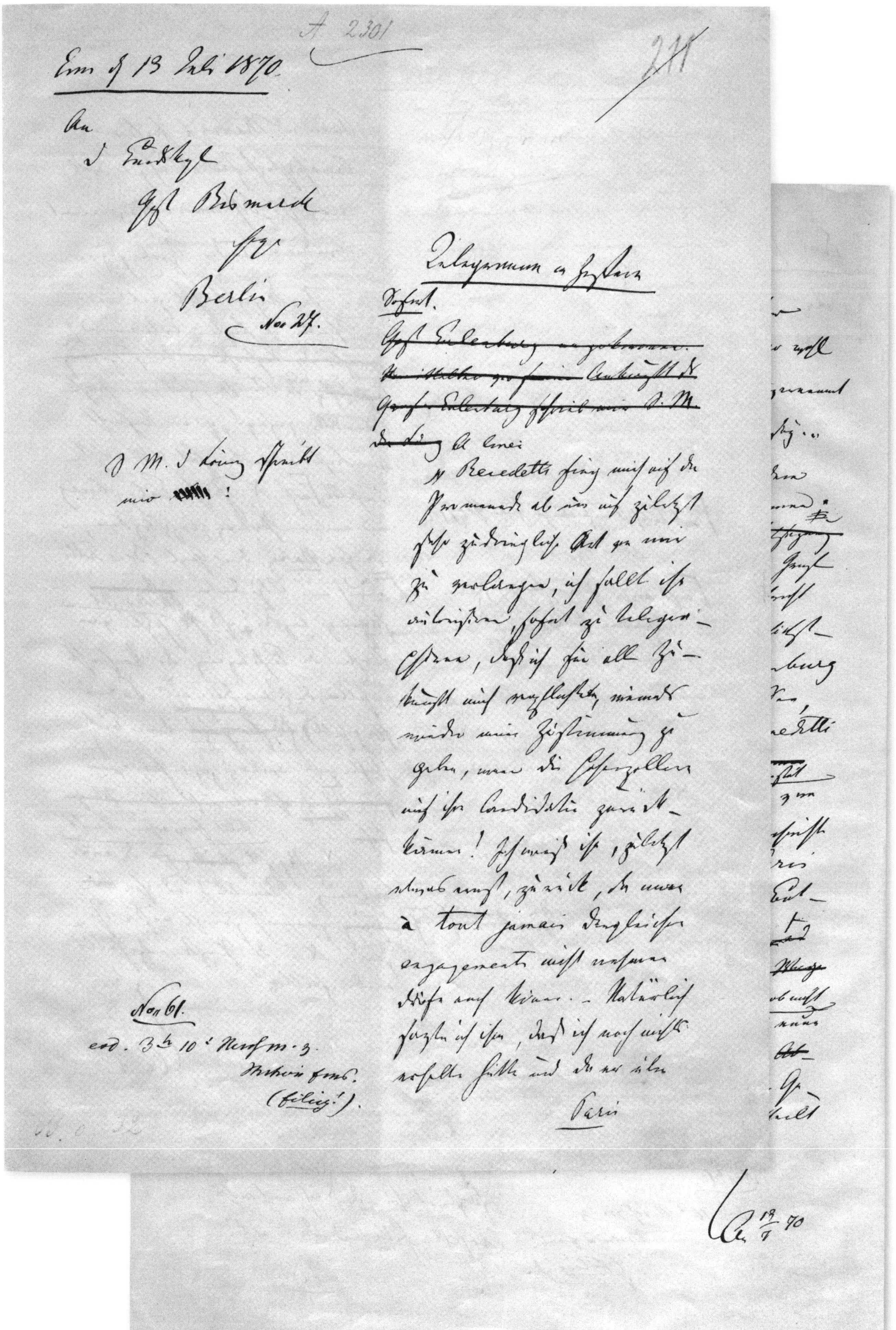

Ems d. 13 Juli 1870.

An
d. Bundeskanzler
Graf Bismarck
Exc.
Berlin
No. 27.

Telegramm in Ziffern
Sofort.
~~[illegible]~~
~~[illegible]~~
~~[illegible]~~

S.M. d. König schreibt mir [illegible]!

Graf Benedetti fing mich auf der
Promenade ab um auf zuletzt
sehr zudringliche Art von mir
zu verlangen, ich sollte ihn
autorisiren, sofort zu telegraphiren, daß ich für alle Zukunft mich verpflichte, niemals
wieder meine Zustimmung zu
geben, wenn die Hohenzollern
auf ihre Candidatur zurückkämen! Ich wies ihn zuletzt
etwas ernst zurück, da man
à tout jamais dergleichen
engagements nicht nehmen
dürfe noch könne. – Natürlich
sagte ich ihm, daß ich noch nichts
erhalten hätte und da er über
Paris

No. 61.
exp. 3 h 10 ' Nachm. [illegible]

[Telegramm Heinrich Abekens an Graf Otto von Bismarck]

Ems d 13 Juli 1870
An d. Bundkzl. Grf. Bismarck Ez.
Berlin No. 27

No. 61 eod. 3^h 10, Nachm. z. Station Ems. (Eilig!)

S. M. d. König schreibt mir:

„Graf Benedetti fing mich auf der Promenade ab um auf zuletzt sehr zudringliche Art von mir zu verlangen, ich sollte ihn autorisiren, sofort zu telegraphiren, daß ich für alle Zukunft mich verpflichtete, niemals wieder meine Zustimmung zu geben, wenn die Hohenzollern auf ihre Candidatur zurückkämen! Ich wies ihn, zuletzt etwas ernst, zurück, da man à tout jamais dergleichen engagements nicht nehmen dürfe noch könne. – Natürlich sagte ich ihm, daß ich noch nichts erhalten hätte und da er über Paris und Madrid früher benachrichtigt sei als ich, er wohl einsähe, daß mein Gouvernement wiederum außer Spiel sei."

S. Majestät hat seitdem ein Schreiben des Fürsten bekommen. Da S. Majestät dem Grafen Benedetti gesagt, daß er Nachricht vom Fürsten erwarte, hat Allerhöchstderselbe, mit Rücksicht auf die obige Zumuthung, auf des Grafen Eulenburg und meinen Vortrag, beschlossen, den Grafen Benedetti nicht mehr zu empfangen, sondern ihm nur durch einen Adjutanten sagen zu lassen: daß S. Majestät jetzt vom Fürsten die Bestätigung der Nachricht erhalten, die Benedetti aus Paris schon gehabt, und dem Botschafter nichts weiter zu sagen habe.

S. Majestät stellt Eurer Exzellenz anheim, ob nicht die neue Forderung Benedettis und ihre Zurückweisung sogleich sowohl unsern Gesandten als in der Presse mitgeteilt werden sollte?

Abeken

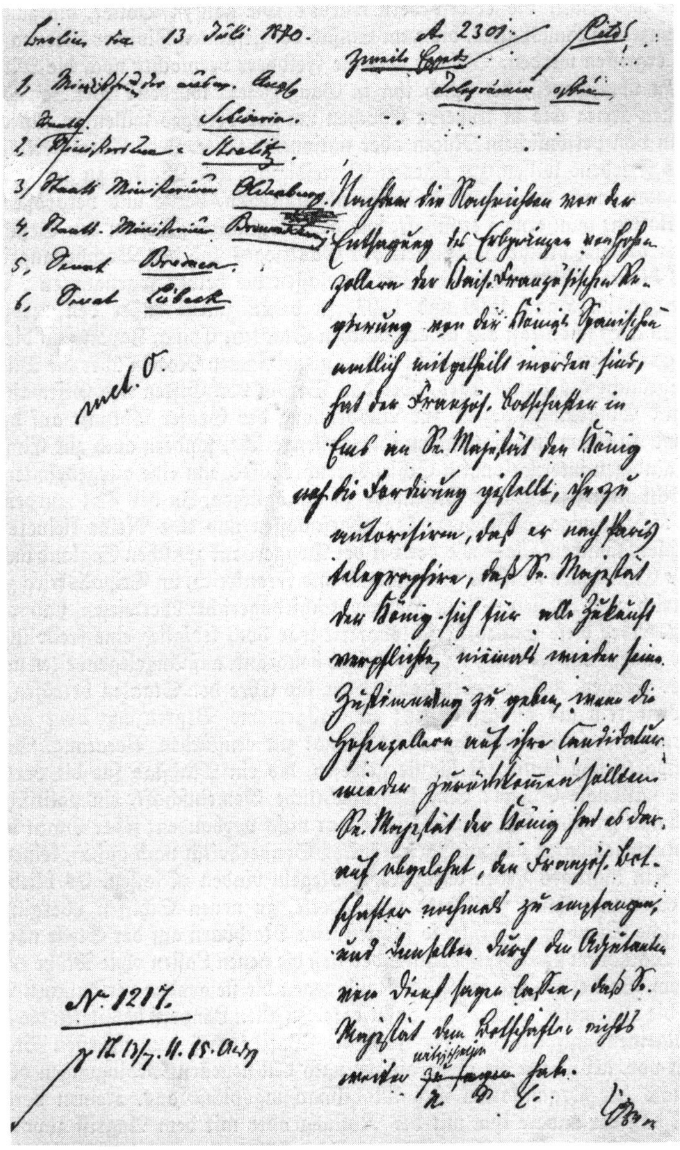

[Presseverlautbarung, redigiert von Bundeskanzler Graf Bismarck]

Berlin, den 13 Juli 1870.

Nachdem die Nachrichten von der Entsagung des Erbprinzen von Hohenzollern der Kaiserlich Französischen Regierung von der Königlich Spanischen amtlich mitgetheilt worden sind, hat der Französische Botschafter in Ems an S. Maj. den König noch die Forderung gestellt, ihn zu autorisiren, daß er nach Paris telegraphire, daß S. Maj. der König sich für alle Zukunft verpflichte, niemals wieder seine Zustimmung zu geben, wenn die Hohenzollern auf ihre Kandidatur wieder zurückkommen sollten. Seine Maj. der König hat es darauf abgelehnt, den Franz. Botschafter nochmals zu empfangen, und demselben durch den Adjutanten vom Dienst sagen lassen, daß S. Majestät dem Botschafter nichts weiter mitzutheilen habe.

Schon zwischen 1701 und 1714 hatte es eine kriegerische Auseinandersetzung um die Thronfolge in Spanien gegeben: den Spanischen Erbfolgekrieg. Der kinderlose König Karl II. war am 1. November 1700 gestorben, damit war die spanische Linie der Habsburger erloschen. Nun warfen Frankreich und Österreich den Hut in den Ring. Obwohl oder gerade weil die Dynastien weitläufig miteinander

OTTO VON BISMARCK, geboren am 1. April 1815, war der bedeutendste preußische und deutsche Staatsmann in der zweiten Hälfte des 19. Jahrhunderts. Der Eiserne Kanzler war die treibende Kraft hinter der Reichsgründung als kleindeutsche Lösung. Außenpolitisch sorgte er dafür, dass sich Deutschland lange Zeit aus kolonialen Experimenten (und Konflikten) heraushielt. Deutschland annektierte erst ab 1884 vergleichsweise kleine Übersee-Territorien. Wesentlich mehr Ehrgeiz entwickelte Bismarck in Europa, wo er über Bündnisverträge ein Gleichgewicht der Kräfte

verwandt und verschwägert waren, kam es zum Krieg, in den nahezu alle europäischen Mächte hineingezogen wurden. Erbstreitigkeiten werden innerhalb der Sippe eben mit besonderer Härte ausgetragen, das ist bei Königs und Kaisers nicht anders als bei Normalsterblichen.

Fast 13 Jahre lang wurde erbittert gekämpft, mal mit kleineren Heeren, mal mit größeren. Am 13. August 1704 beispielsweise traf man sich morgens im idyllischen Donautal zwischen dem kleinen schwäbischen Weiler Blindheim und dem Städtchen Höchstädt. Hüben Großbritannien, Österreich, Niederlande, Preußen mit 52 000 Mann, drüben Frankreich und Bayern mit 56 000 Soldaten. Ein paar Stunden später, als sich der Pulverdampf gelegt hatte, waren Zehntausende auf dem Feld gestorben, schrien Zehntausende Verwundete um Hilfe. Der Krieg als Mittel der Familienpolitik dauerte noch Jahre weiter an, bis die aus Frankreich stammenden Bourbonen einen der ihrigen unter Gebietsverlusten in Spanien auf den Thron setzen konnten.

Mehr als anderthalb Jahrhunderte später gab es Eisenbahnen, Fabriken und Telegrafen. Politisch aber hatte die Menschheit wenig dazugelernt. Wieder diente ein vakanter spanischer Thron als Anlass für einen Krieg. 1868 putschten überwiegend adelige spanische Militärs erfolgreich gegen ihre Königin Isabella II., deren Herrschaft von politischer Instabilität geprägt gewesen war. Bei der anschließenden Suche nach einem geeigneten Thronfolger rangelten die europäischen Mächte, wie schon beim Spanischen Erbfolgekrieg, wieder um Einfluss. Preußen unterstützte die aussichtsreiche Kandidatur von Prinz Leopold von Hohenzollern-Sigmaringen. Vieles passte. Leopold war katholisch, für einen spanischen Regenten natürlich ein Muss. Er war weitläufig mit dem französischen Kaiser Napoleon III. verwandt – eigentlich eine gute Voraussetzung, um als Herrscher Spaniens freundschaftliche Beziehungen zum Nachbarstaat Frankreich zu pflegen. Dabei war Leopold jedoch lediglich eine Schachfigur in einem weit größeren Ränkespiel. Napoleon III., der Neffe Napoleons I., stand innenpolitisch unter Druck und brauchte daher außenpolitische Kompensation. Ein Erfolg wäre es gewesen, die aufstrebende Macht Preußen in ihre Schranken zu weisen. Preußen war durch den Sieg über Österreich und die süddeutschen Staaten im Krieg von 1866 ein wichtiger Schritt auf dem Weg zur Hegemonialmacht in Deutschland gelungen. Frankreich konnte in die nur wenige Wochen dauernden Kampfhandlungen nicht eingreifen und hatte anschließend mit dem Norddeutschen Bund unter der Führung Preußens plötzlich einen geeinten und starken Nachbarn im Osten. Mit einem Angehörigen des Hauses Hohenzollern (selbst wenn dieser einer unbedeutenden Nebenlinie entstammte) auf dem spanischen Thron hätte sich Frankreich umzingelt gesehen. Napoleon III. ließ daher auf diplomatischem Wege scharf gegen die Thronkandidatur intervenieren.

Seinem Gegenspieler, dem preußischen Reichskanzler Otto von Bismarck, kam diese Situation vor dem Hintergrund der angestrebten deutschen Einheit unter Führung Preußens gerade recht. Zwar wurde die von ihm

herzustellen suchte. Seine Politik war ein Spiegelbild seiner Persönlichkeit, der nichts Menschliches fremd war. Bismarck war nach heutigen Maßstäben beileibe kein Pazifist, aber er bewirkte durch seine Politik ab 1871 eine erstaunlich lange Friedenszeit in Europa. Innenpolitisch verordnete er von oben Sozialreformen, führte die Rentenversicherung ein und setzte die Zivilehe durch. Politische Gegner, darunter sozialistische Arbeitervereine auf der einen und die katholische Kirche und ihr nahestehende Parteiungen auf der anderen Seite, bekämpfte er zäh, listig und hart. 1890 ging der Lotse von Bord, vertrieben von Kaiser Wilhelm II., der außenpolitisch hochfliegende Pläne verfolgte und in Bismarck einen Bremser und Verhinderer sah. Otto von Bismarck starb am 30. Juli 1898 in Friedrichsruh bei Hamburg.

HEINRICH ABEKEN wurde am 19. August 1809 in Osnabrück geboren. Nach dem Theologiestudium in Berlin wurde er 1834 Prediger der preußischen Gesandtschaft in Rom. Ab 1848 war er im diplomatischen Dienst tätig, ab 1853 als Vortragender Rat im preußischen Außenministerium. Seit 1862 zählte er zum engsten Kreis um Otto von Bismarck. Für ihn schrieb Abeken zahlreiche Briefe und war deshalb auch als „Bismarcks Feder" bekannt. Heinrich Abeken starb am 8. August 1872 in Berlin.

geförderte Thronkandidatur Leopolds angesichts der französischen Proteste zurückgezogen. Indirekt bot das Vorgehen Frankreichs aber den notwendigen Impuls von außen, um die Einigung im Inneren voranzutreiben.

Damit beginnt die Geschichte der Emser Depesche. Der preußische König Wilhelm I. hielt sich im Juli 1870 zu einem Kuraufenthalt in Bad Ems auf, wo ihn der französische Botschafter Vincent Graf Benedetti beim Spaziergang auf der Promenade abfing. Benedetti hatte aus Paris die telegrafische Nachricht vom Rückzug des Prinzen Leopold als Thronanwärter erhalten, König Wilhelm I. indes wartete noch auf eine offizielle Benachrichtigung. In der Unterredung forderte der Botschafter im Auftrag des französischen Außenministers eine Garantieerklärung Wilhelms, auch in Zukunft einer Kandidatur der Hohenzollern für den spanischen Thron seine Zustimmung zu verweigern. Der König lehnte diese Garantieerklärung ab. Als er noch am selben Tag von Fürst Karl Anton von Hohenzollern-Sigmaringen, dem Vater des Prinzen Leopold, die Bestätigung von dessen Rückzug erhalten hatte, ließ der König dem französischen Botschafter ausrichten, er sehe die Angelegenheit damit als erledigt an.

Anschließend gab der Preußenkönig Anweisung an Heinrich Abeken, Vortragender Rat im Außenministerium und Vertrauter Bismarcks, einen Bericht des Vorfalls nach Berlin zu telegrafieren – die berühmte Emser Depesche.

Bismarck war nicht unbedingt daran gelegen, als Kriegstreiber dazustehen. Es war ihm jedoch klar, dass ein Krieg mit Frankreich in dieser Situation das Potenzial hatte, seinen Zielen dienlich zu sein: einem geeinten Deutschland und der Vormachtstellung Preußens darin. Bismarck erkannte den Zündstoff, den er nun mit diesem Telegramm in Händen hielt. Nach einer Beratung mit Kriegsminister Albrecht von Roon und dem Chef des preußischen Generalstabs, Helmuth von Moltke, redigierte Bismarck den Bericht. Dabei strich er alle Zwischentöne und Begründungen heraus. Übrig blieb die

Nachricht, dass der französische Botschafter den Monarchen zu Garantieerklärungen nötigen wollte und daraufhin nicht mehr empfangen wurde. Diesen Bericht ließ er an die Presse geben – eine Schmach für Frankreich und eine ungeheure Provokation. Durch Deutschland und Frankreich fegte gleichermaßen ein Sturm der nationalen Entrüstung.

Die manipulativ verkürzte Presseinformation hatte Folgen, und Bismarcks Kalkül ging gleich doppelt auf. Am 19. Juli 1870 erklärte Frankreich Preußen den Krieg und stand nun als Aggressor da. Außerdem konnte Bismarck jetzt die militärischen Beistandsbündnisse der 1866 besiegten süddeutschen Staaten einfordern. Die Militärmaschinerien zu beiden Seiten des Rheins sprangen an. Frankreich verfügte über eine stehende Berufsarmee, die Deutschen hingegen setzten überwiegend Wehrpflichtige ein. Dafür gewannen die Deutschen wertvolle Zeit, indem sie zum ersten Mal die Eisenbahn für die Mobilisierung der Truppen und zur Lieferung von Waffen einsetzten. Daher waren die deutschen Truppen in nur drei Wochen einsatzfähig, während der Kriegsgegner dafür die doppelte Zeit brauchte. Auch erwies sich die deutsche Artillerie dank ihrer weittragenden Krupp-Geschütze als den französischen Batterien überlegen. Die deutschen Truppen marschierten in Frankreich ein und gewannen Schlacht um Schlacht. Die entscheidende Niederlage brachten die Deutschen dem Kriegsgegner am 1. September 1870 in der Schlacht von Sedan bei. Hierbei geriet auch Kaiser Napoleon III. in preußische Kriegsgefangenschaft und wurde in Kassel („Ab nach Kassel!") interniert. Der Krieg ging dennoch weiter. Am 19. September 1870 standen deutsche Truppen vor Paris, belagerten die Stadt und beschossen sie systematisch, bis sie am 28. Januar 1871 kapitulierte.

Aber bereits zehn Tage zuvor, am 18. Januar 1871, hatte Bismarck sein eigentliches Kriegsziel erreicht. Im Zuge des siegreichen Krieges hatte Bismarck die süddeutschen Staaten davon überzeugen können, dem Norddeutschen Bund beizutreten. Dieser wurde zum Deutschen

NAPOLEON III. wurde am 20. April 1808 als Charles Louis Napoléon Bonaparte in Paris geboren. Seine Eltern waren Louis Bonaparte, ein Bruder Napoleons I., und Hortense de Beauharnais. Seine Kindheit und Jugend verbrachte er größtenteils in Deutschland und der Schweiz. Er verfolgte schon früh das Ziel, das napoleonische Kaisertum wiederzubeleben und putschte 1836 und 1840 erfolglos gegen König Louis-Philippe I. Napoleon wurde zu lebenslanger Haft verurteilt, ihm gelang jedoch 1846 die Flucht nach London. Während seines Aufenthalts in England entwickelte er sein politisches Programm eines „plebiszitären Cäsarismus", ein Gemisch aus Alleinherrschaft einerseits und andererseits Elementen der Mitbestimmung wie dem allgemeinen Wahlrecht und Plebisziten. 1848 ging Napoleon zurück nach Frankreich und bewarb sich erfolgreich um das Präsidentenamt. Nach einem Staatsstreich ließ Napoleon 1851 über eine neue Verfassung abstimmen, die ihm weitreichende Macht verlieh. Ein Jahr später hatte er sein Ziel erreicht: Er wurde in einer Volksabstimmung mit überwältigender Mehrheit zum Kaiser gewählt. So viel Geschick er im Kampf um die Macht gezeigt hatte – als Regent fehlte ihm nach anfänglichen Erfolgen das nötige Glück. Innenpolitisch herrschte er mit harter Hand und konnte die sozialpolitischen Erwartungen nicht erfüllen, die an ihn gestellt wurden. Außenpolitisch wurden ihm die Emser Depesche und der Deutsch-Französische Krieg von 1870/71 zum Verhängnis. Nach seiner Entlassung aus der Gefangenschaft ging Napoleon nach Großbritannien ins Exil, wo er am 9. Januar 1873 an den Nebenwirkungen einer Narkose starb. Seine Grabstätte liegt in Farnborough, Hampshire.

Reich umgewandelt, der Preußenkönig Wilhelm I. nahm den Titel eines Deutschen Kaisers an. Deutschland war nun eine geeinte Nation. Das Ganze fand auf Betreiben Bismarcks im Allerheiligsten des französischen Staates statt, im Spiegelsaal des Versailler Schlosses. Der Demütigung nicht genug: Auch den Vorfriedensvertrag zwischen Deutschland und dem unterlegenen Frankreich ließ Bismarck in Versailles unterzeichnen.

Die Friedensbedingungen waren hart. Frankreich verlor das Elsass und Teile von Lothringen und musste überdies fünf Milliarden Francs an Reparationen zahlen. Ein Gutteil der Gründerzeitviertel, die kurz nach dem Krieg in den deutschen Städten aus dem Boden gestampft wurden und in denen es sich heute hinter schmucken Fassaden noch gut leben lässt, wurde mit französischem Geld bezahlt.

Nach dem Krieg von 1870/71 beschworen nationalistische und chauvinistische Stimmen auf beiden Seiten die „deutsch-französische Erbfeindschaft". Insbesondere die Deutschen glaubten, den militärischen Sieg über Frankreich jederzeit wiederholen zu können. Auch ließen die Regierungen nichts unversucht, einander zu provozieren. Dennoch – und auch dies ist eine Leistung Bismarcks – blieb es mehr als 40 Jahre lang friedlich zwischen den europäischen Nachbarn. Dann jedoch kam es zu den Materialschlachten des Ersten Weltkriegs. An dessen Ende stand der Waffenstillstand von Compiègne, unterzeichnet in einem Eisenbahnwaggon. Zum Friedensvertrag aber bestellten die Franzosen die unterlegenen Deutschen 1919 nach Versailles ein. Diesmal durften die Deutschen Demütigungen auf sich nehmen und hatten milliardenschwere Reparationszahlungen zu leisten. Wohin das letztlich führte, ist bekannt – zum Erstarken des Nationalsozialismus, zum Zweiten Weltkrieg und zur Niederlage des nationalsozialistischen Führerstaats. Heute sind Deutschland und Frankreich trotz der blutigen Vergangenheit wichtige Partner im geeinten Europa. So lehrt uns die Geschichte: Frieden kann gelingen.

WILHELM I. kam als Wilhelm Friedrich Ludwig am 22. März 1797 in Berlin zur Welt. Er war der zweite Sohn von König Friedrich Wilhelm III. von Preußen. Seine militärische Laufbahn begann mit dem Eintritt in die Armee bereits im Alter von neun Jahren. 1826 verließ Wilhelm auf Wunsch seines Vaters seine polnische Geliebte Elisa von Radziwill, die als ihm nicht ebenbürtig angesehen wurde. Drei Jahre später ging er eine arrangierte Zweckehe mit Prinzessin Augusta von Sachsen-Weimar-Eisenach ein. 1840 bestieg sein älterer Bruder Friedrich Wilhelm IV. den preußischen Thron. Wilhelm stieg in den Rang des Thronfolgers auf, da Friedrich Wilhelm IV. keine Kinder hatte. Als sein älterer Bruder psychisch erkrankte, sprang Wilhelm immer häufiger für ihn ein, bevor er 1858 die Regentschaft vollständig übernahm. 1862 berief er Otto von Bismarck, der ihm politisch nahestand, zum Ministerpräsidenten. Als es 1870 zum Deutsch-Französischen Krieg kam, befehligte Wilhelm I. die deutschen Truppen in der Schlacht von Sedan, bei der Napoleon III. gefangen genommen wurde. Nach Kriegsende ließ sich Wilhelm 1871 zum Kaiser des Deutschen Reichs krönen. Kaiser Wilhelm I. überlebte mehrere Attentate und starb am 9. März 1888 hochbetagt in Berlin.

Stadt Rehburg.
Villa Dr. Jünger.

25/7.16.

L. E.!
Die Bücher sind angekommen registriert und der Bibliothek einverleibt. Fritz sieht in Uniform famos aus, sein dicker Bauch ist verschwunden, seine Schlappheit verschwindet von Tag zu Tag, die Sache macht ihm auch Spass. Donnerstag besuche ich ihn wieder. Das B.T. für August habe ich bestellt. Hier ist es wieder kalt geworden und regnet fortwährend. Sonst alles in Ordnung.
b.G.! E.J.

Verlag von W. Witte, Bad Rehburg.

Feldpost

WUNSTORF-UCHTE BAHNPOST ZUG 7 25 7 16

Herrn Leutnant Jünger

Füsilierregiment 73, 2 Komp.

111 Inf. Division

19934

ERNST GEORG JÜNGER an seinen Sohn Ernst

Poststempel: Wunstorf-Uchte
Bahnpost
ZUG 7
25.7.16

Feldpost

Herrn Leutnant Jünger
Füsilierregiment 73, 2 Komp,
111 Inf. Division

25/7.16

L. E!

Die Bücher sind angekommen, registrirt und der Bibliothek einverleibt. Fritz sieht in Uniform famos aus, sein dicker Bauch ist verschwunden, seine Schlappheit verschwindet von Tag zu Tag, die Sache macht ihm auch Spass. Donnerstag besuche ich ihn wieder. Das B.[erliner] T.[ageblatt] für August habe ich bestellt. Hier ist es wieder kalt geworden und regnet fortwährend. Sonst alles in Ordnung.

b. Gr!
E. J.

Was Ernst Georg Jünger seinem Sohn auf einer Postkarte schrieb, klingt unverfänglich, nach Neuigkeiten aus der Familie: Der Fritz, der jüngere Bruder von Ernst, werde immer schlanker und „die Sache" mache ihm auch Spaß. Nur das Wetter, das spiele gerade nicht so richtig mit ... „b. Gr!" – beste Grüße an die Front. Denn die Sache, das war der Erste Weltkrieg. Die Karte kam mit der Feldpost an, der junge Ernst war Soldat. Ernst hatte sich mit 19 Jahren freiwillig gemeldet und landete an der Westfront. Mit keinem Wort erwähnt der Vater die Gefahr. Heldentum ist Erziehungssache.

Neben Ernst kämpften Abertausende junger Männer im Ersten Weltkrieg, darunter auch Erich. Erich

war 1916 eingezogen worden und wurde ab 1917 an der Westfront eingesetzt. Die beiden jungen Männer hatten viel gemeinsam: Sie wurden beide schwer verwundet und erlebten das Kriegsende in einem Lazarett- oder Armeehospitalbett. Und für beide, Erich wie Ernst, war der Erste Weltkrieg eine prägende Erfahrung, die sie später literarisch verarbeiteten. Aus Ernst und Erich wurden bekannte Schriftsteller: Ernst Jünger und Erich Maria Remarque.

Hier enden die Parallelen. Aus vergleichbaren Erfahrungen an der Front entstanden ganz unterschiedliche Werke. Ernst Jüngers Kriegstagebuch „In Stahlgewittern" erschien 1920 und war stark autobiografisch geprägt. Erich Maria Remarques Hauptwerk „Im Westen nichts Neues" erschien 1929 und beruhte stärker auf Interviews mit anderen Soldaten als auf eigenen Erlebnissen, auch wenn der Autor als Schanzsoldat ebenfalls oft genug an vorderster Front stand. Obwohl beide in ihren Büchern bis ins blutige Detail die Schrecken des Krieges schilderten, war die Wirkung auf die Leser vollkommen verschieden. Remarques Beschreibung erzeugt Abschreckung. „Im Westen nichts Neues" wurde im Dritten Reich verbrannt und gilt bis heute als Musterbeispiel für Antikriegsliteratur.

Ernst Jüngers „In Stahlgewittern" thematisiert die gleichen Grausamkeiten, jedoch ohne jede moralische Distanz zum Geschehen. In der äußerst sachlichen Darstellung, die Sterben und Sterbenlassen mit nüchterner Kälte beobachtet, wird der Krieg zum letzten Schauplatz gelebter Männlichkeit in einer zunehmend modernen, technisierten Welt. Das Schlachtfeld wird zum archaischen Abenteuerspielplatz für junge Männer, die sich beweisen wollen, der Krieg in der Titelmetapher ist „Stahlgewitter". Wenn der Krieg ein ästhetisches Naturereignis ist, stellt sich die Frage nach der Sinnhaftigkeit nicht mehr. Für Jünger galt es nicht, den Krieg zu vermeiden, sondern zu bewältigen, und zwar mit den klassischen männlichen Tugenden: Mut, Opferbereitschaft, Ehrgeiz, Stärke, Intelligenz, und mit den Mitteln und Strategien der modernen Kriegsführung. Wie der Vater schon schrieb: Im Krieg verlor nicht allein der Bruder Fritz seine „Schlappheit". Vielmehr sollte die ganze Nation erstarken.

Der Erzähler in Jüngers Kriegstagebuch, in dem sich der Autor spiegelt, wird mehrfach getroffen und schwer verwundet. Er überlebt dank seiner Erfahrung, Intelligenz und Härte. Auch wenn Kritiker zu Recht viel persönliche Eitelkeit des Autors in seinem Kriegsbericht finden, in einem Punkt übertreibt er nicht: Ernst Jünger war als Soldat hart im Nehmen. Für seinen Einsatz trotz zahlreicher schwerster Verletzungen wurde er 1918 mit dem Verdienstorden „Pour le Mérite" ausgezeichnet.

Rudolf Augstein nannte Ernst Jünger in seinem Nachruf einen Kriegsverherrlicher. Dass Jünger den Ersten Weltkrieg für ein großartiges Ereignis hielt, lässt sich aus seinen Werken reichlich belegen. Schwieriger ist es mit Jüngers Verhältnis zum Nationalsozialismus. Ernst Jünger sympathisierte offen mit den neuen nationalen Bewegungen und war kein Freund der Demokratie und der modernen Gesellschaft. Es finden sich auch antisemitische Aussagen in seinen Schriften vor dem Zweiten Weltkrieg. Jünger lehnte aber wiederholt das ihm von der NSDAP angebotene Reichstagsmandat ab und verwahrte sich später auch gegen eine Vereinnahmung durch die Nazis, deren Ideologie er wegen des totalitären Massencharakters und der beschränkten Ästhetik nicht schätzte. Aus der Wehrmacht wurde er 1944 wegen „Wehrunwürdigkeit" entlassen.

Den Ruf des Wegbereiters für den Faschismus, den er durch seine nationalistischen Schwärmereien, sein elitäres Menschenbild und seine Kriegsbegeisterung

Ernst Jüngers Vater, **ERNST GEORG JÜNGER**, kam im Jahr 1868 zur Welt. Er hatte mit seiner Frau Karolina, geborene Lampl, sieben Kinder, von denen zwei jedoch schon im Säuglingsalter starben. Ernst Georg Jünger war promovierter Chemiker und hatte als Bergwerksunternehmer ein stattliches Vermögen verdient. Er starb 1943 in seinem Wohnort Rehburg.

ERNST GEORG JÜNGER an seinen Sohn Ernst

erworben hatte, versuchte er zeit seines 102-jährigen Lebens abzuschütteln, mit mittelmäßigem Erfolg. Ernst Jünger schrieb nach dem Zweiten Weltkrieg viele weitere Bücher, die sich mit unterschiedlichen Themen beschäftigten und der Kriegspropaganda unverdächtig waren. Dass Jüngers Weltbild allerdings auch nach seinem Debütroman ein rückwärtsgewandtes war, belegt eine ganz andere Tatsache: In Jüngers Werk gibt es so gut wie keine Frauen. In seiner Welt aus Krieg und Abenteuer hatten Frauen nichts verloren.

ERNST JÜNGER wurde am 29. März 1895 in Heidelberg in ein protestantisches, bürgerlich-akademisches Elternhaus geboren. Er schrieb als Schüler seine ersten Gedichte. 1913 trat er der Fremdenlegion bei und kam nach Algerien, von wo er nach Marokko floh. Sein Vater sorgte dafür, dass das Auswärtige Amt seine Entlassung erwirkte, da Ernst Jünger nach damaliger Rechnung noch nicht volljährig war. Nach dem Notabitur 1914 meldete sich Ernst Jünger freiwillig bei einem preußischen Füsilierregiment, einer Einheit der Infanterie. Er schlug eine Offizierslaufbahn ein und wurde zum Leutnant und Zugführer befördert. An der Westfront trug er mehrere Verwundungen davon, wurde 1916 mit dem Eisernen Kreuz ausgezeichnet und rettete bei der Schlacht von Langemarck (heute Langemark) seinem Bruder Friedrich Georg das Leben. Als der Erste Weltkrieg zu Ende ging, erholte sich Jünger im Lazarett in Hannover von einer Verwundung. Während des Krieges schrieb er durchgehend Tagebücher, die Grundlage für „In Stahlgewittern" waren und nach seinem Tod veröffentlicht wurden. Ab 1923 studierte Ernst Jünger Zoologie und Philosophie in Leipzig und Neapel, brach das Studium aber zugunsten der Schriftstellerei 1926 ab. Der Insektenforschung blieb er treu, manche Arten tragen seinen Namen.

1925 heiratete Jünger Gretha von Jeinsen. Er arbeitete für Zeitschriften der nationalen Rechten und zog 1927 mit seiner Frau und dem ein Jahr zuvor geborenen Sohn Ernst nach Berlin. Nach anfänglichem Interesse wahrte er Distanz zu Adolf Hitler und der NSDAP. Ein Reichstagsmandat, das ihm angeboten wurde, lehnte er wiederholt ab, ebenso 1933 die Berufung in die Deutsche Akademie der Dichtung. Er betätigte sich weiterhin in nationalistischen, auch nationalbolschewistischen Kreisen und veröffentlichte neben seinen Kriegsbüchern auch theoretische Schriften. 1933 wurde Jüngers Wohnung wegen Kontakten zu Kommunisten von der Gestapo durchsucht. Daraufhin zogen die Jüngers nach Goslar, wo 1934 der Sohn Alexander zur Welt kam. 1939 wurde Jünger eingezogen und kam über verschiedene Stationen schließlich in den Stab des Militärbefehlshabers von Frankreich, wo er unter anderem Feldpost zensierte. Nach der Befreiung erhielt Jünger für einige Jahre Publikationsverbot, da er sich weigerte, im Zuge der Entnazifizierung einen Fragebogen der Alliierten auszufüllen. 1949 lernte Ernst Jünger Albert Hofmann kennen, den Entdecker des LSD, und schrieb über seine Drogenerfahrungen das Buch „Besuch auf Godenholm". 1960 starb seine Frau Gretha, 1962 heiratete er die Germanistin Liselotte Lohrer. Ab seinem 70. Geburtstag führte Ernst Jünger ein Alterstagebuch, das bis 1997 in fünf Bänden unter dem Titel „Siebzig verweht" veröffentlicht wurde. 1986 reiste er nach Kuala Lumpur, um den Halleyschen Kometen nach 76 Jahren noch einmal zu sehen. 1996 konvertierte Ernst Jünger als Hundertjähriger zum Katholizismus. In der modernen Gesellschaft wollte sich der Eigenbrötler nicht zurechtfinden, blieb aber bis ins hohe Alter schriftstellerisch aktiv. Ernst Jünger starb am 17. Februar 1998 in Riedlingen im Alter von 102 Jahren.

Fischer

25.10.1923.

Lieber Freund,

Ich erhalte Ihre Abrechnung vom 18.Oktober über 1 Milliarde 356 Millionen Mark,dazu über weitere 5 Milliarden 540 MillionenM als bis heute eingegangene Beträge.Das wären also die nach 1.Oktober eingelaufenen Tantiemen.Der reelle Wert dieser fünf Milliarden , das wären also 20 oder 30 Pfennige.Was soll man dazu sagen? Wenn ich annehme,dass das die Tantieme von einer Theatervosstellung ist und 10% Tantieme berechne,so würde das einer Abendeinnahme des betreffenden Theaters von 3 Goldmark entsprechen. Und da spielen die Theater noch weiter?

Im übrigen finde ich auchin der Abrechnung über das vergangene Quartal Vorstellungen vom April und Mai verzeichnet.Sind die Theater von der Valorisierungspflicht befreit?

Es handelt sich ja hier wirklich gar nicht mehr um Beträge. Ob man 5 oder 10Mark oder 50 bekommt,ist ja vollkommen irrelevant. Die Frage ist nur,ob man vor den Theatern die Verrechnungen,sowohl was Zifferals Termin anbelangt, einfach so hinnehmen muss. Es sind überhaupt keine Abrechnungen,es sind Dokumente der Zeit in jedem Sinn.

Mit herzlichem Gruss
Ihr

Herrn S.Fischer,Verlag,
Berlin.

ARTHUR SCHNITZLER an Samuel Fischer

25.10.1923.

Lieber Freund.

Ich erhalte Ihre Abrechnung vom 18. Oktober über 1 Milliarde 356 Millionen Mark, dazu über weitere 5 Milliarden 540 Millionen M. als bis heute eingegangene Beträge. Das wären also die nach 1. Oktober eingelaufenen Tantiemen. Der reelle Wert dieser fünf Milliarden, das wären also 20 oder 30 Pfennige. Was soll man dazu sagen? Wenn ich annehme, dass das die Tantieme von einer Theatervorstellung ist und 10% Tantieme berechne, so würde das einer Abendeinnahme des betreffenden Theaters von 5 Goldmark entsprechen. Und da spielen die Theater noch weiter?

Im übrigen finde ich auch in der Abrechnung über das vergangene Quartal Vorstellungen vom April und Mai verzeichnet. Sind die Theater von der Valorisierungspflicht befreit?

Es handelt sich ja hier wirklich gar nicht mehr um Beträge. Ob man 5 oder 10 Mark oder 50 bekommt, ist ja vollkommen irrelevant. Die Frage ist nur, ob man von den Theatern die Verrechnungen, sowohl was Ziffer als Termin anbelangt, einfach so hinnehmen muss. Es sind überhaupt keine Abrechnungen, es sind Dokumente der Zeit in jedem Sinn.

Mit herzlichen Gruss
Ihr
[Arthur Schnitzler]

Herrn S. Fischer, Verlag,
Berlin.

ARTHUR SCHNITZLER an Samuel Fischer

Mit der Schriftstellerei zur Milliardärin werden, dieses Zauberkunststück gelang in jüngster Zeit nur einer: Joanne K. Rowling. Sie brauchte dazu nur einen Helden und eine chronologisch heruntererzählte Abenteuergeschichte. 1923 aber waren alle Deutschen Milliardäre – selbst die ärmsten Poeten. Lustig war das nicht.

Als Arthur Schnitzler 1923 seinen Brief an seinen Verleger Samuel Fischer schrieb, herrschte Inflation – die stärkste Geldentwertung und Geldvernichtung, die jemals in einer Industrienation stattgefunden hat. Nach dem verlorenen Ersten Weltkrieg setzte sich eine unglückliche Spirale in Gang: Erst ließ Warenknappheit die Preise steigen. Dann führten wertlos gewordene Kriegsanleihen zu Kreditausfällen, diese zu Zinssteigerungen, zu Überschuldung, zu weiteren Kreditausfällen, weiteren Zinssteigerungen und weiterer Überschuldung ...

Im Juni 1923 wurde die bereits galoppierende Inflation zu einer Hyperinflation. Die Geldmenge stieg ins Unermessliche: Die Geldbestände auf den Bankkonten betrugen im November 1923, am Siedepunkt der Inflation, 500 Trillionen Mark, das umlaufende Bargeld kam fast auf dieselbe Summe. Kommunen und Großbetriebe gaben zusätzlich „Notgeld" in Höhe von 200 Trillionen Mark aus.

Was eine Trillion ist? Der Unterschied zur Fantastilliarde ist nicht groß. Eine Trillion ist eine Million hoch drei. Eine Zahl mit 18 Nullen. 1 000 000 000 000 000 000. Unvorstellbar. Astronomisch. Da muss ein Vergleich her, am besten einer aus der Welt der Sterngucker. Die glauben zu wissen, dass die Milchstraße 100 Milliarden Sterne zähle. Wollte man demnach 500 Trillionen Mark Bargeld auf jeden Stern unserer Galaxis verteilen, hätte jeder Himmelskörper nach der Transaktion 5 Milliarden Mark auf dem Konto.

Taugt dieser Vergleich? Auch er ist unvorstellbar. Dann ein anderes Exempel: In Berlin waren am 3. Januar 1923 für ein Kilo Roggenbrot 163 Mark und für ein Kilo Rindfleisch 1 800 Mark zu bezahlen. Im

ARTHUR SCHNITZLER wurde am 15. Mai 1862 geboren. Vor seinem Schriftstellerdasein war er Arzt. Daher rührt auch sein fachliches Interesse für die Psyche seiner Figuren, für Hypnose und Traum. Daher, und auch weil er wie Sigmund Freud Jude war, wird Schnitzler oft als dessen literarisches Pendant bezeichnet.

Schnitzler lebte im Wien des Fin de Siècle und schrieb darüber, meist in Form von Einaktern und Erzählungen. Was er beschreibt, ist unerhört. Es geht um Liebe und Tod, aber auch um die niederen Triebe der hohen Gesellschaft. Diese wurden im realen Leben ausschweifend ausgelebt. Aber darüber zu schreiben, das ging zu weit. In den späten Novellen ist Schnitzler der Dichter der Einsamkeit, thematisiert Alter und Tod. Schnitzler führte seit seinem 17. Lebensjahr Tagebuch, seine Eintragungen füllen 8 000 Manuskriptseiten, und korrespondierte als Zentrum des österreichischen Geisteslebens mit vielen berühmten Zeitgenossen.

Die Geschichte des Milliardärs Arthur Schnitzler war kurz, die seines literarischen Schaffens als Dichter der Psyche war lang – und seine Wirkung reicht bis heute, durch seine Sprachwirkung und auch durch das Medium Film. Sein „Reigen" etwa wurde, obwohl Schnitzler postum jede Aufführung untersagte, mehrfach verfilmt. 1950, in einer Zeit der Prüderie, griff Max Ophüls den Skandalstoff auf, Darsteller waren Simone Signoret und Daniel Gélin. 1973, in einer sexuell revolutionierten Zeit, verfilmte Otto Schenk den Stoff erneut mit Senta Berger, Sydne Rome, Maria Schneider, Helmut Berger, Michael Heltau, Helmuth Lohner und Peter Weck. Auch in jüngster Zeit gab es weitere Verfilmungen, etwa 2007 als verfilmtes Bühnenstück und im selben Jahr nochmals als Spielfilm.

Ein anderes Werk Schnitzlers, die 1925 und 1926 entstandene „Traumnovelle", diente Stanley Kubrick als Stoff für den Film „Eyes Wide Shut". Selbst mit einem ein Dreivierteljahrhundert alten Plot war dieser Streifen, zumindest im prüden Amerika, 1999 immer noch für ein Skandälchen gut. Um den Skandal aber geht es gar nicht. Es geht um Menschliches. Deshalb ist Schnitzler modern. Arthur Schnitzler starb am 21. Oktober 1931 in Wien.

D'Ora
BENDA

November betrugen die Preise 233 Milliarden Mark fürs Brot und 4,8 Billionen Mark fürs Fleisch. Und es war Betrug – an all den kleinen Leuten, deren Erspartes in Windeseile zu nichts zerrann. Weil die Preise ständig stiegen, mussten Geldscheine mit immer höherem Nennwert ausgegeben werden. 300 Papierfabriken und 150 Druckereien ratterten rund um die Uhr, um immer neues Bargeld zu produzieren. Bis die vereinbarten Wochenlöhne – oder Schriftstellertantiemen – ausbezahlt wurden, war das Geld entwertet.

Am Ende verlor das Geld seine Funktion: Deutschland sank auf die Naturalwirtschaft der Früh- und Vorgeschichte zurück. Bauern hatten damit kaum Schwierigkeiten. Wohl aber Industriearbeiter, die nichts hatten als ihre Arbeitskraft – und Geistesmenschen wie Schnitzler. Arbeiter und Intellektuelle hatten im Tausch nichts von Wert anzubieten und waren in existenzieller Not. Hungerleider im Wortsinn. Arthur Schnitzler trifft ins Schwarze, wenn er in seinem Brief an seinen Verleger Samuel Fischer schreibt, die Tantiemenabrechnungen über fünf und noch mehr Milliarden Mark seien „... überhaupt keine Abrechnungen", sondern „Dokumente der Zeit in jedem Sinn". Was dem Brief fehlt, ist die sonst übliche Ironie Schnitzlers. Auch Schriftsteller müssen essen, wohnen, sich kleiden. Zum feingeistigen Lächeln und Spötteln ist Schnitzler nicht mehr zumute.

Für welches Stück Schnitzler seine wertlose Milliardentantieme bekam, lässt sich mit letzter Sicherheit nicht sagen. Wahrscheinlich ist, dass es „Der Reigen" war. Das Stück hatte Schnitzler schon 1897 geschrieben, 1912 wurde es in Budapest uraufgeführt und kam erst 1921 in Wien und Berlin erstmals auf deutschsprachige Bühnen. Worum es geht? Um Sex. Genauer gesagt, es geht um die Dialoge davor und danach, denn der Akt bleibt ausgespart. Eine Dirne schläft mit einem Soldaten, der mit einem Stubenmädchen, das mit einem jungen Herrn, der mit einer jungen Frau, die mit dem Ehemann, der mit dem süßen Mädel, das mit dem Dichter, der mit der Schauspielerin, die mit dem Grafen, der zuletzt zur Dirne geht und der Reigen von Neuem beginnt. In diesem Reigen gibt es keine Liebe, nur Verführung und Machtausübung.

Obwohl das Stück damals schon etwas angejahrt war, trat Schnitzler mit dem „Reigen" den größten Theaterskandal der Weimarer Republik los, das Werk wurde zeitweilig verboten und zeitweilig, während der Inflation, erlaubt. Und obwohl das Stück ganz ohne voyeuristischen Blick die Seelenlosigkeit der Sexualbeziehungen anprangert, kam es zu einer Hetzkampagne der Rechten gegen das Stück und den jüdischen Autor.

Womit sich der Kreis zur Hyperinflation schließt. Kurz nach der Entstehung dieses Briefes war dieser Spuk zum Glück vorbei. Mit der Rentenmark als Übergangswährung und der späteren goldgedeckten Reichsmark kam die Wirtschaft wieder ins Lot. Aber viele Kleinvermögen waren vernichtet und die radikalen Parteien – rechts wie links – erhielten Zulauf. Wie das ausging, ist bekannt.

SAMUEL FISCHER kam am 24. Dezember 1859 in einer Kleinstadt in Ungarn zur Welt. Der Sohn eines jüdischen Kaufmanns absolvierte in Wien eine Buchhändlerausbildung und ging 1880 nach Berlin, um dort in einer Buchhandlung zu arbeiten. 1886 gründete Fischer den S. Fischer Verlag, in dem 1887 mit Henrik Ibsens „Rosmersholm" das erste Buch erschien. Fischer setzte zunächst hauptsächlich auf Übersetzungen ausländischer Autoren. Außerdem erschienen im S. Fischer Verlag die Werke Thomas Manns. 1903 kam mit der zweiten Auflage der „Buddenbrooks" der kommerzielle Durchbruch für den Verlag.

Ab den 1920er Jahren stellte sich für Samuel Fischer zunehmend die Nachfolgefrage. Er übergab die Verlagsleitung schließlich schrittweise an seinen Schwiegersohn Gottfried Bermann Fischer. Dieser führte den Verlag nach Samuel Fischers Tod am 15. Oktober 1934 weiter. Als Bermann Fischer mit seiner Familie 1936 aus Deutschland fliehen musste, wurde der Verlag geteilt – viele Werke von Autoren, die im Dritten Reich unerwünscht waren, erschienen im Bermann-Fischer Verlag im Ausland, während in Berlin Peter Suhrkamp nicht verbotene Autoren verlegte. Nach dem Krieg gab Suhrkamp den Verlag zurück an Bermann Fischer, es entstanden zwei unabhängige Verlagsgruppen, die bis heute existieren: der S. Fischer Verlag und der Suhrkamp Verlag.

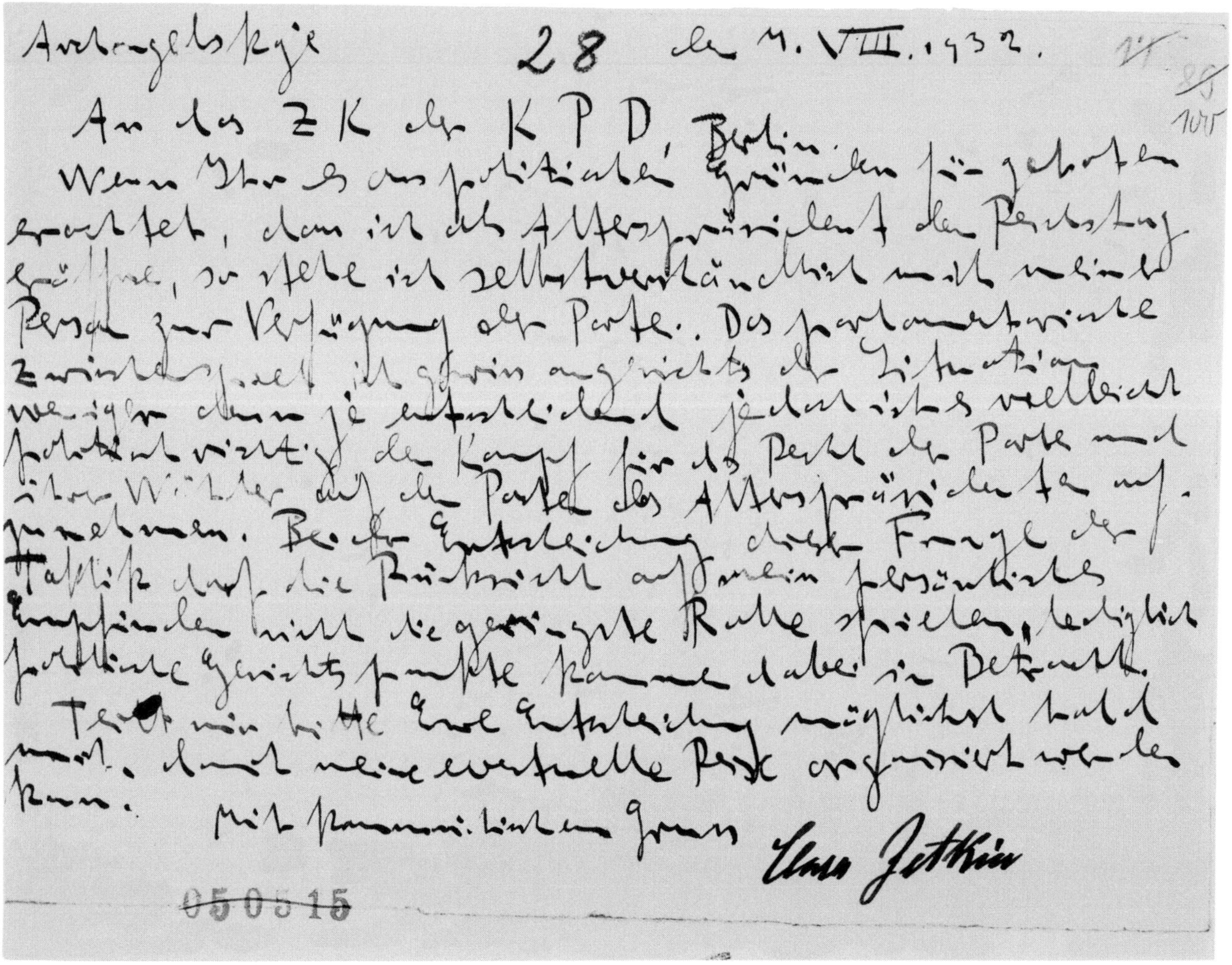
Archangelskoje 28 den 11. VIII. 1932.

An das ZK der KPD, Berlin.

Wenn Ihr es aus politischen Gründen für geboten erachtet, dass ich als Alterspräsident den Reichstag eröffne, so stelle ich selbstverständlich meine Person zur Verfügung der Partei. Das parlamentarische Zwischenspiel ist gewiss angesichts der Situation weniger denn je entscheidend, jedoch ist es vielleicht politisch wichtig den Kampf für das Recht der Partei und ihrer Wähler auf den Posten des Alterspräsidenten aufzunehmen. Bei der Entscheidung dieser Frage der Taktik darf die Rücksicht auf mein persönliches Empfinden nicht die geringste Rolle spielen, lediglich politische Gesichtspunkte kommen dabei in Betracht.

Teilt mir bitte Eure Entscheidung möglichst bald mit, damit meine eventuelle Reise organisiert werden kann.

Mit kommunistischem Gruss

Clara Zetkin

050515

Im Jahr 1888 erschien in den USA der Roman „Looking Backward: 2000-1887", auf Deutsch „Ein Rückblick aus dem Jahre 2000 auf das Jahr 1887". Darin entwarf der Verfasser Edward Bellamy eine Utopie der amerikanischen Gesellschaft an der Schwelle zum 21. Jahrhundert. Bellamy war Optimist: Seine Vereinigten Staaten im Jahr 2000 waren ein Paradies, in dem die soziale Ungleichheit durch den technischen Fortschritt überwunden war und in dem Frauen Männern gleichgestellt waren. Seine politische Utopie traf den Nerv der Zeit und war Ende des 19. Jahrhunderts ein Bestseller, auch in Deutschland, wo das Buch 1890 erschien und sich ebenfalls rasant verkaufte. 1914 wurde eine Neuauflage des Romans in einer Übersetzung und mit einem Vorwort der bekannten Sozialistin und Feministin Clara Zetkin herausgegeben. Die hatte Bellamys Ideen durchaus Kritisches entgegenzusetzen: Seine Prognose von der friedlichen Evolution der Gesellschaft schien ihr naiv. Nach ihrer Meinung hatte Bellamy nicht erkannt, dass erst einmal eine proletarische Revolution nötig war, um den Kapitalismus zu überwinden. Dennoch: Dank Zetkins Übersetzung konnten sich die Deutschen wieder für Bellamys Sozialutopie begeistern, selbst und ausgerechnet in dem Jahr, in dem der Erste Weltkrieg ausbrach.

Der Krieg ließ wenig Raum, um Utopien zu verwirklichen. In der Zeit danach kämpfte die junge Demokratie der Weimarer Republik ums Überleben und erlitt Rückschlag um Rückschlag. Ein besonders harter war die Reichstagswahl von 1932. Mit ihr war die deutsche Gesellschaft von Bellamys Utopie und von Zetkins Visionen weiter entfernt denn je. Zwar hatten die Nazis mit der

Archangelskoje, den 7. VIII. 1932
An das ZK der KPD, Berlin.

Wenn Ihr es aus politischen Gründen für geboten erachtet, dass ich als Alterspräsident den Reichstag eröffne, so stehe ich selbstverständlich mit meiner Person zur Verfügung der Partei. Das parlamentarische Zwischenspiel ist gewiss angesichts der Situation weniger denn je entscheidend; jedoch ist es vielleicht politisch richtig, den Kampf für das Recht der Partei und ihrer Wähler auf den Posten des Alterspräsidenten aufzunehmen. Bei der Entscheidung dieser Frage der Taktik darf die Rücksicht auf mein persönliches Empfinden nicht die geringste Rolle spielen, lediglich politische Gesichtspunkte kommen dabei in Betracht.

Teilt mir bitte Eure Entscheidung möglichst bald mit, damit meine eventuelle Reise organisiert werden kann.

Mit kommunistischem Gruss
Clara Zetkin

Wahl noch nicht die Macht übernommen, jedoch war die NSDAP zur stärksten Fraktion im Reichstag geworden.

Clara Zetkin war für die KPD erneut ins Parlament gewählt worden, dem sie bereits seit 1920 angehörte. Mit ihren 75 Jahren stand ihr nun das Amt der Alterspräsidentin zu, die den neu gewählten Reichstag eröffnen sollte. Es war ein Reichstag, der ihr nicht gefallen konnte: Sie musste die Wahl von Hermann Göring zum Reichstagspräsidenten leiten und ihm die Verantwortung über den Reichstag übergeben. Trotzdem zögerte sie nicht, als das Zentralkomitee der KPD sie bat, die Aufgabe zu übernehmen. Weil sie, wie sie in ihrem Brief schrieb, politische Verpflichtung über persönliche Befindlichkeiten stellte. Aber möglicherweise auch, weil sie ahnte, dass es in den kommenden Jahren nicht mehr viele Gelegenheiten für Kommunisten und Sozialdemokraten geben würde, unter den Augen der Öffentlichkeit und frei vor dem Parlament zu sprechen.

So nahm Clara Zetkin trotz ihres Alters und angeschlagenen Gesundheitszustands die weite Reise von Archangelskoje in der Nähe von Moskau, wo sie zu dieser Zeit lebte, nach Berlin auf sich. Am 30. August 1932 hielt sie zur Eröffnung des neu gewählten Reichstags eine Ansprache, die bis heute zu den bekanntesten deutschen Reden zählt. Sie war einerseits das zu erwartende Plädoyer für eine deutsche Räterepublik nach sowjetischem Vorbild. Andererseits war Zetkins Beitrag eine antifaschistische Kampfrede, in der sie eindringlich vor dem Nationalsozialismus warnte. Sie rief alle Werktätigen, gleich welcher politischen Couleur, zur Bildung einer Einheitsfront gegen den Faschismus auf: „Vor dieser zwingenden geschichtlichen Notwendigkeit müssen alle fesselnden und trennenden politischen, gewerkschaftlichen, religiösen und weltanschaulichen Einstellungen zurücktreten.“

Diese Forderung war zu jener Zeit in der Linken umstritten: Bei den Kommunisten war die Sozialfaschismusthese populär geworden. Sie betrachteten die SPD nur noch als den gemäßigten Flügel des Faschismus. Umgekehrt sahen die meisten Sozialdemokraten in der KPD keinen Verbündeten, sondern lediglich einen weiteren Gegner neben den Nationalsozialisten. Zu einer Einheitsfront, wie sie Clara Zetkin einforderte, kam es deshalb nicht. Der weitere Verlauf der Geschichte aber gab ihr recht. So profitierte die NSDAP auch von der Uneinigkeit ihrer Gegner. Und: Kommunisten wie Sozialdemokraten wurden im Dritten Reich systematisch verfolgt, eingesperrt, ermordet.

Die Tonbandaufzeichnungen von Clara Zetkins Rede vom 30. August 1932 geben die Stimme einer von Alter und Krankheit geschwächten Frau wieder. Aber ihre Worte klingen noch heute alles andere als schwach. Kämpferisch vorgetragen, spricht aus der Rede zwar ebenfalls eine Ideologie, aber auch ein Gutteil gesunder Menschenverstand. Das bevorstehende Grauen des Nationalsozialismus sagte Clara Zetkin zu einer Zeit voraus, in der viele immer noch unterschätzten, welche Folgen das Erstarken des Faschismus haben würde. Und obwohl Clara Zetkin ahnte, was bevorstand, blieb sie, wie Edward Bellamy, Optimistin: Sie beendete ihre Rede mit der Hoffnung, „das Glück zu erleben, als Alterspräsidentin den ersten Rätekongreß Sowjetdeutschlands zu eröffnen“.

Dazu kam es bekanntlich nicht und Zetkins Vision mag uns aus heutiger Sicht so naiv erscheinen wie ihr damals Bellamys Gesellschaftsentwurf. Doch während sich andere 1932 noch mit ideologischen Grabenkämpfen beschäftigten oder schon aus Angst den Mund hielten, rief die 75-jährige Alterspräsidentin laut und deutlich zum Widerstand auf. Und bewies damit: Mut hat nichts mit Jugend, Stärke oder Männlichkeit zu tun, sondern einzig mit Charakter.

CLARA ZETKIN wurde am 5. Juli 1857 als Clara Josephine Eißner in Wiederau geboren. Sie absolvierte eine Ausbildung am Lehrerinnenseminar in Leipzig. Ihre Mutter pflegte Kontakt zu Vertreterinnen der bürgerlichen Frauenbewegung und auch Clara begann früh, sich mit Fragen der Gleichstellung und der sozialen Gerechtigkeit zu beschäftigen. Im Umfeld linker Studenten lernte sie in Leipzig den russischen Revolutionär Ossip Zetkin kennen, der ihr Lebensgefährte wurde. Obwohl das Paar nie heiratete, nahm Clara seinen Namen an. 1878 trat Clara Zetkin der Sozialistischen Arbeiterpartei Deutschlands bei, aus der später die SPD entstand. Weil die Betätigung in der sozialdemokratischen Bewegung außerhalb der Parlamente ab 1878 durch das Sozialistengesetz verboten war, ging Clara Zetkin ins Exil. Sie lebte in Zürich und ab 1882 in Paris. Dort zog sie mit Ossip Zetkin zusammen, der wegen seiner politischen Aktivitäten aus Deutschland ausgewiesen worden war. Das Paar bekam zwei Söhne. 1889 nahm Clara Zetkin am Gründungskongress der II. Internationale in Paris teil und war in der Folgezeit eine führende Vertreterin der nationalen und internationalen sozialistischen Frauenbewegung.

Zwei Jahre nach dem Tod Ossip Zetkins kehrte Clara 1891 mit ihren Söhnen nach Deutschland zurück. Sie war als Redakteurin der sozialdemokratischen Frauenzeitschrift „Die Gleichheit“ tätig und arbeitete als Übersetzerin für den Dietz-Verlag. 1899 heiratete Clara Zetkin den 18 Jahre jüngeren Kunstmaler Friedrich Zundel.

Wegen ihrer kritischen Haltung gegenüber dem Ersten Weltkrieg wurde Clara Zetkin, die unter anderem eine internationale sozialistische Frauenkonferenz gegen den Krieg einberief, mehrfach verhaftet. 1916 beteiligte sie sich an der Gründung des Spartakusbundes, ein Jahr später war sie Mitbegründerin der USPD. 1919 trat sie schließlich der gerade entstandenen KPD bei, für die sie von 1920 bis 1933 im Reichstag saß und in der sie im Laufe der Jahre zahlreiche führende Funktionen, auch international als Mitglied der Komintern, ausübte. Sie arbeitete eng mit Rosa Luxemburg zusammen, mit Lenin verband sie eine lange Freundschaft. Trotzdem erhielt sie sich eine kritische Haltung zu ihrer Partei und deren Ideologie. Clara Zetkin starb am 20. Juni 1933 im Exil in Archangelskoje in der damaligen Sowjetunion.

Ihre Vision einer sozialistischen Gesellschaft hat die Geschichte erledigt. Ihre feministischen Anliegen sind bis heute aktuell: Wenn jedes Jahr am 8. März Menschen in aller Welt den Internationalen Frauentag begehen, so geht dies auf die Initiative von Clara Zetkin zurück. Der „Tag der Vereinten Nationen für die Rechte der Frau und den Weltfrieden“ entstammt einer Forderung, die Clara Zetkin bei der zweiten internationalen sozialistischen Frauenkonferenz am 27. August 1910 in Kopenhagen erhoben hatte.

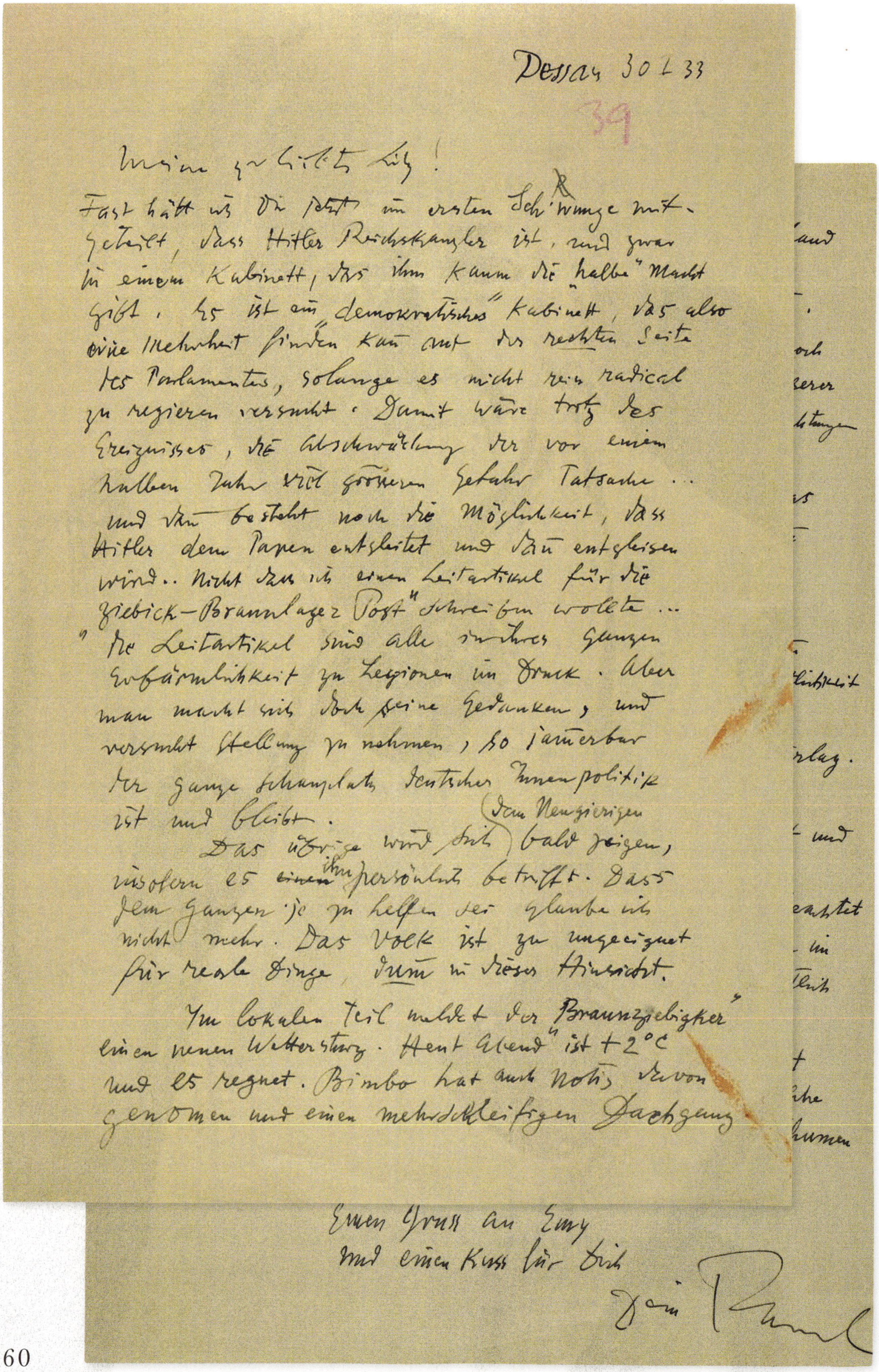

Dessau 30.I.33

39

Meine geliebte Lily!

Fast hätte ich Dir jetzt im ersten Schwange mitgeteilt, dass Hitler Reichskanzler ist, und zwar in einem Kabinett, das ihm kaum die „halbe" Macht gibt. Es ist ein „demokratisches" Kabinett, das also eine Mehrheit finden kann auf der rechten Seite des Parlamentes, solange es nicht zu radical zu regieren versucht. Damit wäre trotz des Ereignisses, die Abschwächung der vor einem halben Jahr viel grösseren Gefahr Tatsache … und dann besteht noch die Möglichkeit, dass Hitler dem Papen entgleitet und dann entgleisen wird.. Nicht dass ich einen Leitartikel für die „Ziebick-Braunlager Post" schreiben wollte … die Leitartikel sind alle in ihrer ganzen Erbärmlichkeit zu Legionen im Druck. Aber man macht sich doch seine Gedanken, und versucht Stellung zu nehmen, so jämmerbar der ganze Schauplatz deutscher Innenpolitik ist und bleibt.

Das übrige wird (dem Neugierigen) sich bald zeigen, insofern es einen ihn persönlich betrifft. Dass dem Ganzen je zu helfen sei glaube ich nicht mehr. Das Volk ist zu ungeeignet für reale Dinge, dumm in dieser Hinsicht.

Im lokalen Teil meldet der „Braunziebigker" einen neuen Wettersturz. „Heut Abend" ist + 2°C und es regnet. Bimbo hat auch Notiz davon genommen und einen [illegible] Dachgang

Einen Gruss an Emy
und einen Kuss für Dich
Dein Paul

PAUL KLEE an Lily Klee

Dessau 30 I 33

Meine geliebte Lily!

Fast hätte ich Dir jetzt im ersten Schwunge mitgeteilt, dass Hitler Reichskanzler ist, und zwar in einem Kabinett, das ihm kaum die „halbe" Macht gibt. Es ist ein „demokratisches" Kabinett, das also eine Mehrheit finden kann auf der rechten Seite des Parlamentes, solange es nicht rein radical zu regieren versucht. Damit wäre trotz des Ereignisses, die Abschwächung der vor einem halben Jahr viel grösseren Gefahr Tatsache ... und dann besteht noch die Möglichkeit, dass Hitler dem Papen entgleitet und dann entgleisen wird. Nicht dass ich einen Leitartikel für die „Ziebick-Braunlager Post" schreiben wollte ... die Leitartikel sind alle in ihrer ganzen Erbärmlichkeit zu Legionen im Druck. Aber man macht sich doch seine Gedanken, und versucht Stellung zu nehmen, so jammerbar der ganze Schauplatz deutscher Innenpolitik ist und bleibt.

Das übrige wird sich dem Neugierigen bald zeigen, insofern es ihn persönlich betrifft. Dass dem Ganzen je zu helfen sei glaube ich nicht mehr. Das Volk ist zu ungeeignet für reale Dinge, dumm in dieser Hinsicht.

Im lokalen Teil meldet der „Braunziebigker" einen neuen Wettersturz. Heut Abend ist + 2°C und es regnet. Bimbo hat auch Notiz davon genomen und einen mehrschleifigen Dachgang unternommen, wobei seine Bodenhändchen allerhand hübsche Zeichen zu einer Zeichnung vereinigten die man als „Dachandantino" bestichworten könnte.

„Alles weitere gestern mündlich" könnte ich noch als Motto für die feuilletonistische Abteilung unserer Andertagzeitung voranstellen, und einige Betrachtungen über den Segen des Fernsprechers folgen lassen. Gestern verlief das Gespräch ungestört, und das gibt jeweils eine bessere Stimmung, als wenn sich andere hineinmischen, seien es Wetter- oder Krämerstimmen.

Mit diesen Bemerkungen schliesse ich denn die Redaction, nur für Dich das die Öffentlichkeit nicht berührende Ereignis beifügend, dass ich letzte Tage einem gelinden Zeichenrappel unterlag. Aber das ist so privat in der heutigen Welt, und wird, wenn es so weitergeht mit Sport und Misssport, lang brauchen, bis es einmal als Culturgeschichte und Kunstgeschichte beachtet wird, und bis dann vielleicht niemand mehr ohne im lexikon nachzuschlagen sagen kann, wer eigentlich der grosse Hitler war.

Dieser letztere Gedankengang gehört ins Gebiet der scheinbaren Reaction, welche Künst[l]er manchmal pflegen, um dann in posthumen Sprüngen dereinst schon allhier zu sein.

Einen Gruss an Emy
und einen Kuss für Dich

Dein Paul

PAUL KLEE an Lily Klee

Ein denkwürdiger Brief, verfasst an einem denkwürdigen Tag. Am 30. Januar 1933 schrieb der Maler Paul Klee seiner Frau Lily. Adolf Hitler war an diesem 30. Januar, vom „Völkischen Beobachter" als ein „historischer Tag" gefeiert, zum Reichskanzler ernannt worden. Klee berichtet seiner Frau von diesem Ereignis, sachlich, nüchtern und sogar verhältnismäßig erleichtert – immerhin habe Hitler nur gemeinsam mit der gemäßigten Rechten eine Mehrheit. Paul Klee war an diesem Tag offenbar überzeugt, dass es schlimmer hätte kommen können. Wie viele Künstler seiner Zeit sah er die gesellschaftliche Entwicklung zwar kritisch, aber er unterschätzte die Bedrohung durch den Nationalsozialismus. Der Alltag war Anfang 1933 noch nicht komplett von den innenpolitischen Ereignissen dominiert. Daher ging Klee in seinem Brief auch schnell von der Politik zum Privaten über, von der Machtübergabe an Adolf Hitler zum Wetter und zu Kater Bimbo.

Eine düstere Ahnung davon, was kommen würde, hatte Klee dennoch: „Das übrige wird sich dem Neugierigen bald zeigen, insofern es ihn persönlich betrifft." Den Maler sollte es persönlich ziemlich früh betreffen. Nur wenige Wochen später begannen die Repressalien: Der von den Nazis als „galizischer Jude" bezeichnete Klee wurde aufgefordert, einen „Ariernachweis" zu erbringen, sein Haus wurde durchsucht. Die Entwicklungen des Jahres 1933 schlugen sich in Klees Werk nieder, das zunehmend politisch wurde: Er schuf eine zusammenhängende Serie aus rund 240 Bleistiftzeichnungen, mit denen er die „nationalsozialistische Revolution" darstellen wollte. Im Gegensatz zu Schriftstellern wollte Klee als bildender Künstler nicht konkret den Nationalsozialismus abbilden und beschreiben. Er setzte sich vielmehr mit verwandten, abstrakten Begriffen wie Gewalt oder Militarismus, Flucht und Erniedrigung auseinander, die zusammen ein Bild der Zeit zeichneten, wie er sie erlebte. Die Zeichnungen von 1933 stellte Klee nur ein einziges Mal aus, im Jahr ihrer Entstehung.

PAUL KLEE wurde am 18. Dezember 1879 in Münchenbuchsee bei Bern als Sohn eines deutschen Musiklehrers und einer Schweizer Sängerin geboren. Er legte 1898 in Bern die Matura ab und ging anschließend zum Kunststudium nach München. Nachdem die Akademie der Bildenden Künste ihn zunächst abgewiesen hatte, studierte Klee dort ab 1900, verließ sie allerdings 1901 schon wieder. Im Oktober 1901 machte sich Klee mit dem Bildhauer Hermann Haller zu einer Studienreise nach Italien auf, von der er im Mai 1902 nach Bern in sein Elternhaus zurückkehrte. Er blieb dort bis 1906 und verdiente seinen Lebensunterhalt als Geiger. Zusätzlich besuchte er Vorlesungen über Anatomie, um seine Zeichentechnik auszubauen. 1906 heiratete Klee im Anschluss an Reisen nach Paris und Berlin die Pianistin Lily Stumpf, die er bereits 1899 kennengelernt hatte, und zog mit ihr nach München. Als 1907 der Sohn Felix geboren wurde, blieb Paul Klee zu Hause und kümmerte sich um Haushalt und Erziehung. Lily Klee kam als Klavierlehrerin für den Lebensunterhalt der Familie auf. 1910 fand im Kunstmuseum Bern erstmals eine Einzelausstellung von Klee statt, die anschließend auch in Zürich, Winterthur und Basel zu sehen war. Paul Klee lernte August Macke, Wassily Kandinsky, Gabriele Münter und Franz Marc kennen und fand Anschluss an den von Kandinsky und Marc gegründeten „Blauen Reiter". In der zweiten Ausstellung der Künstlergruppe 1912 war Klee mit einigen grafischen Arbeiten vertreten.

1914 unternahm Klee mit August Macke und Louis Moilliet eine Studienreise nach Tunis. Dort entstanden etliche Aquarelle. In Tunis traf Klee auch die Entscheidung, vom Zeichner und Grafiker zum Maler zu werden.
Im März 1916 wurde Klee einberufen. Nach seiner Ausbildung wurde er nicht an der Front, sondern in Landshut, Schleißheim und Gersthofen eingesetzt, wo er „ein einigermaßen gebildetes Dasein" hatte. Zwei seiner Ausstellungen 1916 und 1917 in der Galerie Der Sturm von Herwarth Walden brachten finanzielle Erfolge, 1919 schloss er einen Generalvertretungsvertrag mit einem Münchner Galeristen ab und konnte den künstlerischen und kommerziellen Erfolg feiern, den er sich gewünscht hatte. Zu dieser Zeit sympathisierte Klee mit der Münchner Räterepublik. Im Oktober 1920 erhielt Paul Klee von Walther Gropius eine Berufung an das Bauhaus in Weimar und übernahm im Laufe der Jahre etliche Lehraufträge und Werkstattleitungen. Parallel wurden seine ersten Ausstellungen in den USA zu großen Erfolgen. 1926 folgte der Umzug des Bauhaus nach Dessau. Aufgrund von Querelen mit dem neuen Leiter Hannes Meyer gab Paul Klee seine Stellung am Bauhaus 1931 auf und nahm eine Professur an der Kunstakademie Düsseldorf an.

1940 L 10 Paukenspieler

Unterdessen nahm der Druck auf Paul Klee zu: Der „entartete Künstler" wurde am 21. April 1933 als Professor der Staatlichen Kunstakademie in Düsseldorf fristlos entlassen. Von seiner Malklasse verabschiedete er sich mit den Worten: „Meine Herren, es riecht in Europa bedenklich nach Leichen." Noch im selben Jahr emigrierte der Maler nach Bern, wo er aufgewachsen war. In der Schweiz wurde er nicht verfolgt, aber er tat sich auch dort mit seinen modernen, abstrakten, farbenprächtigen Bildern zunächst schwer. Nach der großen Anerkennung, die er vor Beginn des Dritten Reichs in Deutschland, aber auch in Amerika gefunden hatte, schmerzte ihn das mangelnde Verständnis bei den „Halbbarbaren", wie er die Eidgenossen im Ärger nannte. Trotzdem wurden seine Schweizer Jahre, in denen er sich immer mehr in die Malerei flüchtete, seine produktivsten. Mit der politischen Situation setzte er sich in seinem Werk weiterhin kritisch auseinander. So lässt der „Paukenspieler" von 1940 (s. S. 64) Assoziationen mit der Grausamkeit der Diktatur zu.

Paul Klee kehrte nicht mehr in seine deutsche Heimat zurück. Seine ablehnende Haltung gegenüber dem Nationalstaat, die er schon früher geäußert hatte, wurde durch die Grauen des Dritten Reichs und des Zweiten Weltkriegs nur noch mehr gefestigt. Deutscher Staatsbürger blieb er jedoch bis zuletzt – wenn auch unfreiwillig: Er hatte die Schweizer Staatsbürgerschaft zwar beantragt, die bürokratischen Prozesse, die damit verbunden waren, zogen sich jedoch so lange hin, dass Paul Klee die Annahme seines Antrags nicht mehr erlebte.

Er erlebte auch nicht mehr, dass sein von den Nazis als „entartet" diffamiertes Werk zu einem entscheidenden Teil der deutschen „Culturgeschichte und Kunstgeschichte" wurde – und mit seinem Werk auch er selbst, der Künstler Paul Klee.

Mit der „Machtübernahme" der Nationalsozialisten 1933 wurde das Arbeiten für Klee schwieriger. Am 21. April 1933 wurde er entlassen, sein Werk galt als „entartete Kunst", seine politische Geisteshaltung war den Nazis suspekt. Einen Tag vor Heiligabend 1933 emigrierte die Familie Klee in die Schweiz. In Bern wurde 1935 eine Retrospektive Klees gezeigt, er erhielt aber in der Schweiz nicht mehr die Anerkennung, die er zuvor in Deutschland erhalten hatte. Ab 1935 war Klee durch Sklerodermie stark geschwächt, eine Krankheit, die das Bindegewebe von Haut und Organen verhärtet. 1937 wurden in Deutschland Werke von Klee in der nationalsozialistischen Propaganda-Ausstellung „Entartete Kunst" gezeigt. Trotz seines schlechten gesundheitlichen Zustands war Klee in den Jahren in der Schweiz außerordentlich produktiv. Sein Wunsch, Schweizer Staatsbürger zu werden, der bereits 1934 abgelehnt worden war, blieb bestehen. 1939 stellte er einen zweiten Antrag. Zwar wurde sein Gesuch von der Schweizer Polizei kritisch beurteilt, im Juli 1940 aber wollte der Gemeinderat der Stadt Bern endgültig über die Einbürgerung entscheiden. Paul Klee starb jedoch am 29. Juni 1940 im Krankenhaus Sant'Agnese in Muralto an den Folgen seiner Erkrankung. Die Schweizer Staatsbürgerschaft wurde ihm postum zuerkannt. Paul Klee hinterließ rund 9 000 Werke.

Über **LILY KLEE** ist weniger bekannt als über ihren Mann. Sie wurde am 10. Oktober 1876 als Lily Stumpf geboren, ihr Vater war Arzt. Sie lernte Paul Klee 1899 bei einer musikalischen Soiree in München kennen. 1906 heiratete das Paar. Lily Klee war ausgebildete Konzertpianistin und Klavierlehrerin, außerdem eine sehr moderne Frau, die sich von den traditionellen Moral- und Wertvorstellungen ihrer bürgerlichen Herkunft zunehmend entfernte. Sie interessierte sich sehr für Politik und stand in Kontakt mit einigen russischen Anarchisten. Auch nach der Geburt ihres Sohns Felix 1907 blieb Lily Klee berufstätig und sorgte über Jahre allein für den Familienunterhalt. Außerdem war sie Paul Klees Beraterin und Vertraute, mit der er intensiv über politische Fragen und über Kunst sprach. Paul Klee hatte stets größte Hochachtung vor seiner Frau: „Niemand kann behaupten, dass es keinen geistigen Verkehr gebe zwischen Mann und Weib." Lily Klee starb am 22. September 1946.

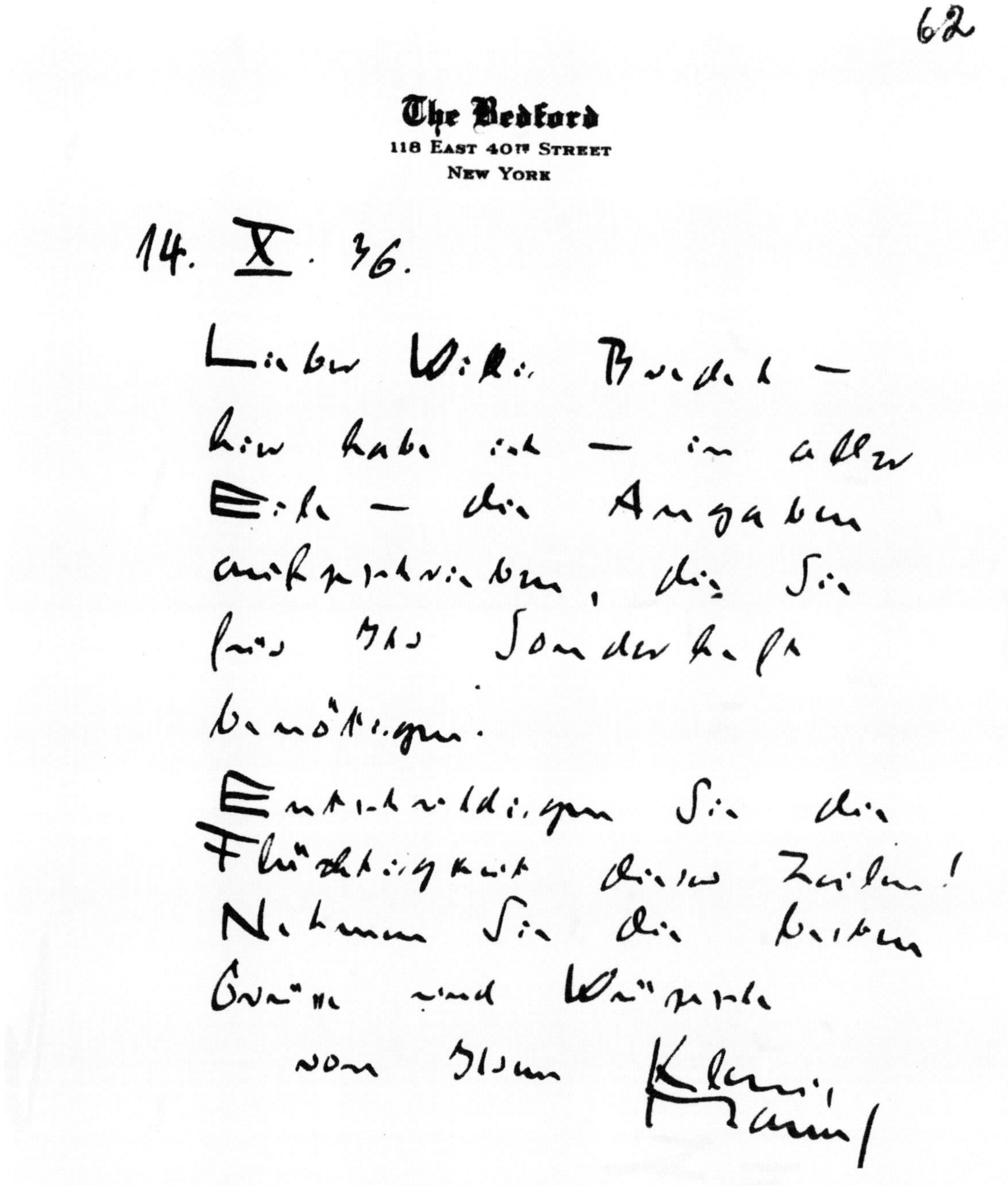
62

The Bedford
118 East 40th Street
New York

14. X. 36.

Lieber Willi Bredel –
hier habe ich – in aller
Eile – die Angaben
aufgeschrieben, die Sie
fürs [illegible] Sonderheft
benötigen.
Entschuldigen Sie die
Flüchtigkeit dieser Zeilen!
Nehmen Sie die besten
Grüße und Wünsche
von Ihrem Klaus
Mann

KLAUS MANN an Willi Bredel

The Bedford
118 East 40th Street
New York

14. X. 36.

Lieber Willi Bredel –

hier habe ich – in aller Eile – die Angaben aufgeschrieben, die Sie für Ihr Sonderheft benötigen.
Entschuldigen Sie die Flüchtigkeit dieser Zeilen! Nehmen Sie die besten Grüsse und Wünsche

von Ihrem Klaus Mann

Das Wort „Exil" kommt vom lateinischen Begriff „exul" oder „exsul", zu Deutsch „verbannt". Die Menschen, die während der nationalsozialistischen Herrschaft aus Deutschland flohen, waren Verbannte. In Deutschland waren sie nicht mehr sicher, weil sie jüdischen Glaubens waren oder politisch Andersdenkende. Und es gab noch einen weiteren Grund, der vor allem die kritischen Kulturschaffenden ins Exil trieb: In Deutschland war die Freiheit der Kunst tot, an der Nazi-Zensur vorbei konnte kein Buch mehr erscheinen. Schriftstellern, die nicht mit dem System sympathisierten, war die Existenzgrundlage entzogen.

Kritische Literatur war nur noch in den Exilländern möglich. Hier formierte sich der gedruckte Widerstand gegen das Dritte Reich, hier konnten Schriftsteller und Intellektuelle den Nationalsozialismus bekämpfen, ohne um ihr Leben fürchten zu müssen. Sie konnten sich literarisch weiterentwickeln, ohne sich dem ästhetischen Diktat der Nazis unterordnen zu müssen. Die Exilanten publizierten weiter, in Buchform und vor allem in literarischen Zeitschriften.

Eine der wichtigsten literarischen Exilzeitschriften war „Das Wort". Sie erschien zwischen 1936 und 1939 in Moskau und kam monatlich heraus. Ihr Ziel war es, die linken Kräfte unter den deutschen Emigranten im Kampf gegen den Nationalsozialismus zu bündeln. Herausgegeben wurde „Das Wort" von Willi Bredel, Bertolt Brecht, Lion Feuchtwanger und später Fritz Erpenbeck. Während ihres Erscheinens veröffentlichten 48 Lyriker sowie 53 Erzähler und Dramatiker in der Zeitschrift, darunter Klaus Mann. Auf „Das Wort" bezog sich auch sein Brief an Willi Bredel. Es ging um einen Beitrag zu der wohl wichtigsten literaturtheoretischen Debatte der Zeit: der Expressionismusdebatte. Daher hat die kurze Notiz von Klaus Mann an Willi Bredel, mit dem Hinweis auf die gewünschten Informationen und der Entschuldigung für die „Flüchtigkeit" der Zeilen, große Tragweite für die Geschichte der Literatur.

Was in der Expressionismusdebatte verhandelt wurde? Nichts Geringeres als die Suche nach den Wurzeln des Nationalsozialismus. Der Hauptverdächtige war der im Ersten Weltkrieg entstandene Expressionismus. Dieser war für viele eben kein unschuldiges Stilexperiment und auch keine harmlose künstlerische Mode. Vieles, was die völkische Ideologie und den Kunstbegriff des Nationalsozialismus ausmachte, gab bereits der Expressionismus vor. Expressionistische Literatur beschrieb und propagierte das Aufgehen des modernen Individuums im Kollektiv und den Wertverlust moralischer Instanzen. Außerdem zeichnete sich der Expressionismus durch eine Tendenz zur Gewaltverherrlichung, einen ausgeprägten Irrationalismus und den Hang zu sprachlichem Bombast und martialischem Getöse aus. Daher hatte der marxistische Literaturwissenschaftler Georg Lukács bereits 1934 dem Expressionismus faschistisches Potenzial attestiert.

Fortgeführt wurde die Diskussion um den Expressionismus als Entwicklungslinie des Nationalsozialismus 1937 in „Das Wort" – mit Beiträgen von Alfred Kurella und eben Klaus Mann. Kurella griff Lukács' Thesen auf und kam am Beispiel des Werks von Gottfried Benn zu dem Schluss, es lasse sich klar erkennen, „wes Geistes Kind der Expressionismus war, und wohin dieser Geist, ganz befolgt, führt: in den Faschismus". In derselben Ausgabe erschien Klaus Manns Essay „Gottfried Benn. Die Geschichte einer Verirrung". Aus dem Exil hatte er Benn, den er als Künstler durchaus schätzte, schon 1933 in einem Brief vor zu viel Nähe zu den Nazis gewarnt: „Was konnte Sie dahin bringen, Ihren Namen, der uns der Inbegriff des höchsten Niveaus und einer geradezu fanatischen Reinheit gewesen ist, denen zur Verfügung zu stellen, deren Niveaulosigkeit absolut beispiellos in der

KLAUS MANN kam am 18. November 1906 in München zur Welt. Er war der älteste Sohn des Schriftstellers Thomas Mann und dessen Frau Katia und zeigte früh seine literarische Begabung. 1924 ging er als Theaterkritiker nach Berlin, wo er mit dem Erzählungsband „Vor dem Leben" seine erste Veröffentlichung hatte. Mit dem Roman „Der fromme Tanz", der 1925 erschien, bekannte er sich öffentlich zu seiner Homosexualität. 1927 ging Klaus Mann mit seiner Schwester Erika nach einer Vortragstour in den USA auf eine Weltreise. Nach der „Machtübernahme" der Nationalsozialisten verließ Klaus Mann, wie zuvor bereits sein Vater, aus Angst vor Verfolgung Deutschland und ging zuerst nach Paris, dann nach Amsterdam, wo er die Literaturzeitschrift „Die Sammlung" herausgab. 1936 hielt sich Klaus Mann auf einer viermonatigen Vortragsreise durch die USA auch in New York auf. Das Hotel Bedford, aus dem er an Willi Bredel schrieb, war eine beliebte Unterkunft für deutsche Flüchtlinge in Manhattan, auch Erika Mann hielt sich dort immer wieder auf. 1936 erschien auch Klaus Manns bekanntester Roman, „Mephisto. Roman einer Karriere", im Querido Verlag, Amsterdam. Nachdem er für eine Pariser Zeitung vom Spanischen Bürgerkrieg berichtet hatte, wanderte Klaus Mann 1938 endgültig in die USA aus. 1939 erschien sein Buch „Escape to Life", in dem er gemeinsam mit seiner Schwester Erika bedeutende Künstler und Intellektuelle im Exil porträtierte. 1942 schloss sich Klaus Mann der US Army an, 1943 erhielt er die amerikanische Staatsangehörigkeit. Zunächst war er in Nordafrika stationiert, später in Italien. Ab 1945 schrieb er für die italienische Ausgabe der amerikanischen Armeezeitung „Stars and Stripes".

Nach Ende des Zweiten Weltkriegs kehrte Klaus Mann nicht mehr dauerhaft nach Deutschland zurück. Er nahm Drogen, litt zunehmend an Depressionen und Schreibblockaden, zudem war er finanziell von seinem Vater abhängig. 1948 unternahm er einen Selbstmordversuch. Im selben Jahr erhielt Klaus Mann eine Anstellung als Lektor im fusionierten Bermann-Fischer/Querido Verlag in Amsterdam, die er aber nach wenigen Monaten aufgab. 1949 zog er nach Cannes, wo er an seinem letzten, unvollendeten Roman „The Last Day" arbeitete, der das Thema Suizid behandelte. Am 21. Mai 1949, nur wenige Tage nachdem er eine Entziehungskur in Nizza abgeschlossen hatte, starb Klaus Mann im Alter von 42 Jahren an einer Überdosis Schlaftabletten. Das Ende eines rastlosen Lebens. In seiner Autobiografie „Der Wendepunkt" heißt es: „Ruhe gibt es nicht, bis zum Schluss."

europäischen Geschichte ist und von deren moralischer Unreinheit sich die Welt mit Abscheu abwendet?"

Klaus Mann wich von den Ausführungen Alfred Kurellas nun insofern ab, als er nicht den Expressionismus als Ganzen, sondern den Expressionisten Gottfried Benn zum Ziel seiner Kritik machte. Benn sei gesondert zu betrachten, „weil es sich bei ihm um den einzigen – den einzigen! – deutschen Schriftsteller von Rang handelt, der sich allen Ernstes und mit einiger geistiger Konsequenz in den Nationalsozialismus verirrt hat". Dabei hatte sich Benn seit dem „Röhm-Putsch" zunehmend ins innere Exil zurückgezogen. Letztlich half es ihm nicht, dass er anfänglich mit dem Nationalsozialismus sympathisiert hatte. 1938 erhielt auch er Schreibverbot und wurde aus der Reichsschrifttumskammer ausgeschlossen. Im reaktionären nationalsozialistischen Kulturbetrieb war für avantgardistische Sprachexperimente kein Platz.

In der Folge mischten sich auf beiden Seiten an die 20 bedeutende Schriftsteller in die Expressionismusdebatte ein. Die Literaturwissenschaft ist bis heute geprägt von dieser Auseinandersetzung, in der es um so vieles zugleich ging: um Sprachästhetik und Sprachkritik, um den faschistischen Kunstbegriff, um den Sinn und Zweck von Literatur und um den Auftrag des Dichters.

Das Leben der verbannten Schriftsteller war kein leichtes. Meist hatten sie ja nur eines im Gepäck: ihre deutsche Sprache, die im Ausland kaum materiellen Wert hatte. Wer nicht von Auslandstantiemen leben konnte, musste sich mit Übersetzungsjobs, journalistischen Auftragsarbeiten oder gar mit schlecht bezahlter körperlicher Arbeit über Wasser halten. Oft waren die Flüchtlinge selbst in der Sicherheit ihrer neuen Heimat Getriebene. Und dennoch hat die Literatur der Verbannten den großen Auftrag angenommen und erfüllt, die deutsche Sprache zu wahren. So, wie es Willi Bredel im Vorwort der ersten Ausgabe von „Das Wort" beschrieb: „Da das wahre deutsche Wort innerhalb der Grenzen des Dritten Reiches nicht leben darf, hüten und pflegen es die Berufenen außerhalb der Grenzen. Es wird, wenn die Verderber weggefegt sind, dem deutschen Volk rein und klar zurückgegeben werden können, ein wohlbehütetes Erbe."

WILLI BREDEL wurde am 2. Mai 1901 in Hamburg geboren. Der Sohn eines Zigarrenmachers absolvierte eine Lehre als Eisen- und Metalldreher und arbeitete unter anderem in verschiedenen Hamburger Werften, in der Metallindustrie in Bochum und Kronach und als Schmierer auf einem Apfelsinendampfer. Mit 15 Jahren wurde er Mitglied der Sozialistischen Arbeiterjugend und Betriebsobmann der Lehrlinge. 1917 schloss sich Willi Bredel dem Spartakusbund an, 1919 der KPD. Er engagierte sich als sogenannter Arbeiterkorrespondent für kommunistische Parteizeitungen. Im Oktober 1928 wurde er fester Redakteur bei der „Hamburger Volkszeitung". Als der Kommunist wegen „literarischen Hoch- und Landesverrats" ab 1930 für zwei Jahre in Haft kam, schrieb er dort seinen ersten Roman „Maschinenfabrik N & K", einen realistischen Roman aus dem Hamburger Arbeitermilieu. Zwischen 1933 und 1934 war Willi Bredel über ein Jahr im KZ Fuhlsbüttel bei Hamburg inhaftiert. Über seine KZ-Erfahrungen schrieb er später in seinem Roman „Die Prüfung".

Nach seiner Entlassung flüchtete Willi Bredel nach Moskau und gab dort gemeinsam mit anderen Schriftstellern die Literaturzeitschrift „Das Wort" heraus. Nach dem Krieg lebte Bredel zunächst in Schwerin, dann in Ostberlin. Ab 1954 gehörte er dem ZK der SED an. Er wurde Chefredakteur der Zeitschrift „Neue deutsche Literatur" und Mitglied der Akademie der Künste, der er in der DDR ab 1962 bis zu seinem Tod als Präsident vorstand. Willi Bredel starb am 27. Oktober 1964 in Ostberlin.

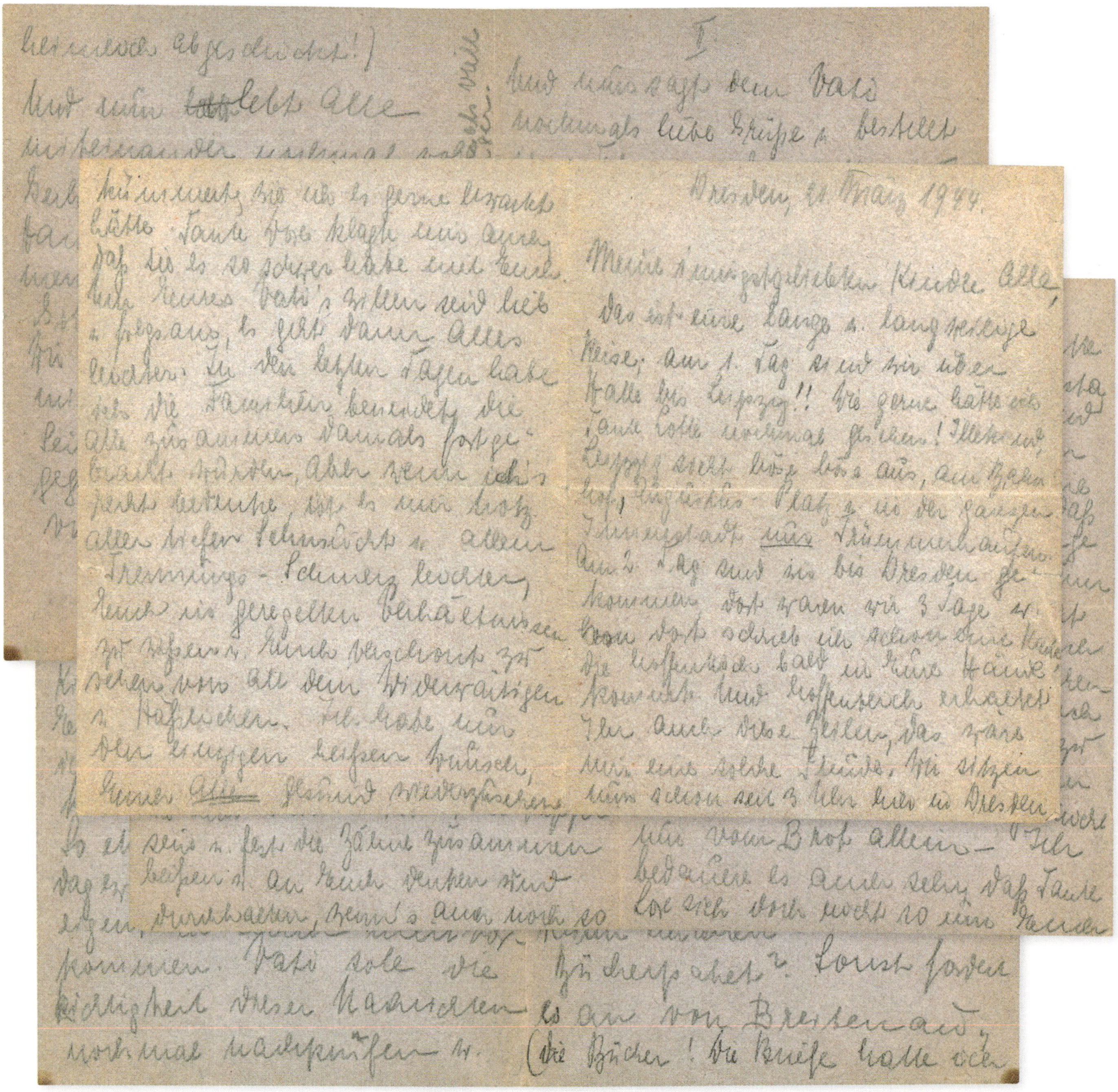

Dresden, 21. März 1944.

Meine innigstgeliebten Kinder alle,
das ist eine lange u. langweilige Reise; am 1. Tag sind wir über Halle bis Leipzig!! Wie gerne hätte ich Tante Lotte nochmal gesehen! Illekind, Leipzig sieht böse böse aus, am Bahnhof, Augustus-Platz u. in der ganzen Innenstadt nur Trümmerhaufen. Am 2. Tag sind wir bis Dresden gekommen, dort waren wir 3 Tage u. von dort schrieb ich schon eine Karte, die hoffentlich bald in Eure Hände kommt und hoffentlich erhaltet Ihr auch diese Zeilen, das wäre mir eine solche Freude. Wir sitzen nun schon seit 3 Uhr hier in Dresden am Bahnhof u. hören eben, daß der Zug erst um 10 Uhr heute Abend weitergeht. Morgen Abend werden wir dann in Auschwitz sein. Die Mitteilungen darüber, wie es dort sein soll, sind sehr widersprechend. Es kann sein, daß ich erst nach 4 oder sogar nach 8 Wochen schreiben darf, seid also bitte nicht in Sorge, wenn Ihr jetzt länger nichts hören solltet. Und wenn es gar so lang dauert, dann versucht doch, mir zuerst zu schreiben, vielleicht bekomme ich's doch. Wir müssen nun abwarten, wie alles wird. Ich werde weiter tapfer sein u. fest die Zähne zusammen beißen u. an Euch denken und durchhalten, wenn's auch noch so schwer sein wird. Solltet Ihr mir Pakete schicken dürfen, so denkt bitte immer mal wieder an Zahnpaste, Haarnadeln u. Körper-Puder. Und seid bitte nicht so traurig, Ihr meine Kinder. Es ist mir eine solche Beruhigung zu wissen, daß Ihr Eure Ordnung u. Eure Pflege habt u. Euren Vati, der sich um Euch sorgt u. Euch sehr lieb hat. Vergeßt das nicht, wenn Ihr auch heute sein Verhalten nicht verstehen könnt. Der Vati wird Euch auch immer wieder die Wege weisen zu allem Schönen u. Guten u. Hohen – denn der Mensch lebt ja nicht nur vom Brot allein. – Ich bedaure es auch sehr, daß Tante Lore sich doch nicht so um Euch kümmert, wie ich es gerne erwartet hätte. Tante Rita klagte mir auch, daß sie es so schwer habe mit Euch. Um Eures Vati's willen seid lieb u. folgsam, es geht dann alles leichter. In den letzten Tagen habe ich die Familien beneidet, die alle zusammen damals fortgebracht wurden. Aber wenn ich's jetzt bedenke, ist es mir trotz aller tiefen Sehnsucht u. allem Trennungs-Schmerz lieber, Euch in geregelten Verhältnissen zu wissen u. Euch verschont zu sehen von all dem Widerwärtigen u. Häßlichen. Ich habe nur den einzigen heißen Wunsch, Euch alle gesund wiederzusehen.

Und nun sagt dem Vati nochmals liebe Grüße u. und bestellt ihm Folgendes: Er selbst u. niemand anders soll nochmals alles versuchen u. wenn er sich bis an die höchsten Stellen nach Berlin wendet.

Jetzt auf dem Transport hab ich einen früheren Staatsanwalt u. Rechtsanwalt aus Freiburg kennengelernt, der Onkel Max gut kannte u. auch Onkel E. A. u. Tante Lotte. Auch Misch-Ehe, Sohn in engl. Kriegsgefangenschaft. Von diesem Herrn hörte ich, daß alle einzelnen jüd. Personen aus Mischehen, also wenn der andere Teil tot oder geschieden ist, fortkommen, aber nur dann, wenn die Kinder über 18 Jahre sind. Er war sehr überrascht, als ich von Euch erzählte u. kann es gar nicht verstehen. So etwas sei noch nicht dagewesen bisher u. solle eigentlich auch nicht vorkommen. Vati soll die Richtigkeit dieser Nachrichten nochmal nachprüfen u. sie dann zur Grundlage seines Gesuches machen. Er soll verlangen, daß ich frei komme, zumal er doch auch Wehrmachts-Angehöriger ist.

Hoffentlich, hoffentlich erhaltet Ihr diesen Brief! Habt Ihr das Päckchen mit den Briefen, dem Löffel für m. Dorle u. den Kleinigkeiten erhalten? Und das Bücherpaket? Sonst fordert es an von Breitenau. (Die Bücher! Die Briefe hatte ich heimlich abgeschickt!)

Und nun lebt alle miteinander nochmals wohl. Gerhard-Junge, Ilsemaus, Hannelekind, Evalein u. mein Dorle-Schatz!

Gott behüte Euch!

Wir bleiben unlöslich miteinander verbunden.
Seid herzinniglich gegrüßt u. geküsst
von Eurer treuen
Mutti

An Tante Lotte u. Onkel E. A. auch
nochmals viele liebe Grüße,
auch von Herrn Homburger.

Morgen Abend werden wir dann in Auschwitz sein."

Lilli Jahn, die Verfasserin dieser Zeilen, ist eines von sechs Millionen jüdischen Opfern des Nationalsozialismus. Wenige Monate nach diesem Brief starb sie im Vernichtungslager Auschwitz, wohin die Ärztin nach längerer Haft im Arbeitserziehungslager Breitenau 1944 deportiert wurde. Eine „lange u. langweilige Reise" sei das, schrieb sie. Die Angst vor dem, was auf sie zukam, verbarg Lilli Jahn, so gut es ging. Ihre Briefe und die ihrer Kinder sind

LILLI JAHN wurde am 5. März 1900 als Lilli Schlüchterer in Köln geboren. Sie studierte Medizin und arbeitete nach ihrem Examen und der Promotion ab 1924 als Vertretungsärztin und im Krankenhaus. 1926 heiratete sie den gleichaltrigen evangelischen Arzt Ernst Jahn. Das Paar ließ sich mit einer gemeinsamen Hausarztpraxis im hessischen Immenhausen nieder. Lilli Jahn brachte fünf Kinder zur Welt, vier Töchter und einen Sohn. Bald durfte Lilli Jahn als Jüdin nicht mehr praktizieren; sie zog sich im zunehmend rauen Klima des Nationalsozialismus mehr und mehr zurück und musste sich auf die Erziehung ihrer Kinder konzentrieren. Ernst Jahn weigerte sich, wie Freunde und Verwandte zu emigrieren, als es noch möglich war. 1942 ließ er sich schließlich von Lilli Jahn scheiden, um kurz darauf eine jüngere Kollegin zu heiraten. Das gemeinsame Kind von Ernst und seiner neuen Frau Rita kam im Haus von Lilli und Ernst zur Welt, Lilli leistete sogar Geburtshilfe bei ihrer Nachfolgerin.

1943 erreichte die örtliche NSDAP-Führung, dass Lilli Jahn, zu diesem Zeitpunkt die letzte Jüdin, die noch in Immenhausen lebte, den Ort verlassen musste. Sie zog mit ihren Töchtern nach Kassel, wo sie noch im selben Jahr verhaftet wurde. Der Grund für ihre Verhaftung: Lilli Jahn hatte eine Visitenkarte mit dem Aufdruck „Dr. med. Lilli Jahn" als provisorisches Namensschild an ihrer Haustür angebracht. Damit hatte sie gegen zwei antijüdische Gesetze verstoßen: die Pflicht, ihrem Namen den Vornamen Sara hinzuzufügen, und das Verbot, den Doktortitel zu führen. Sie wurde im Arbeitserziehungslager Breitenau bei Guxhagen interniert und musste als Zwangsarbeiterin in einem Pharmaunternehmen arbeiten. Über Briefe blieb sie stets in Kontakt mit ihren Kindern. Im März 1944 wurde Lilli Jahn in das Vernichtungslager Auschwitz deportiert. Ebenfalls im März konnte sie ihren Kindern eine letzte Nachricht zukommen lassen, die jemand anders für sie schrieb. Im September 1944 erfuhren die Kinder vom Tod ihrer Mutter. Lilli Jahn starb vermutlich am 17. oder 19. Juni 1944. Die genaue Todesursache ist unbekannt.

erhalten, mehrere Hundert davon hat ihr Sohn Gerhard retten können. Nach seinem Tod wurden sie von einem Enkel Lilli Jahns, dem Journalisten Martin Doerry, veröffentlicht.

Dass Lilli Jahn auf die Zustände im Arbeitserziehungslager Breitenau und die Strapazen der Deportation nach Auschwitz nicht genauer einging, ist sicher nicht nur der Angst vor der Zensur geschuldet. Sie wollte wohl ihre Kinder schonen, wollte ihnen noch mehr Kummer ersparen. Als die Mutter nach Auschwitz deportiert wurde, war der Älteste 16, die Jüngste 3 Jahre alt. Ganz normale Kinder, die nun ganz auf sich allein gestellt waren.

Was Lilli Jahn durchmachte, als sie diesen letzten eigenhändigen Brief an ihre Kinder schrieb, verraten ihre Zeilen nicht. Stattdessen scheint immer noch Hoffnung durch. Weil sie erfahren hatte, dass geschiedene jüdische Frauen mit minderjährigen Kindern angeblich nicht deportiert würden. Daher hoffte sie, dass ihre Deportation ein Irrtum war, dass sich die nationalsozialistische Herrschaft zu ihren Gunsten an die eigenen Verordnungen halten müsse. Auch der Nazi-Staat war ein Bürokraten-Staat. Und immer noch war da auch die Hoffnung, dass der Vater der Kinder, ihr geschiedener Mann Ernst Jahn, doch noch etwas für sie tun könne. Eindringlich bat sie darum, dass er sich für sie einsetzte.

Wie Anne Franks Tagebuch sind auch Lilli Jahns Briefe persönliche Zeugnisse von Verbrechen, die aufgrund ihrer Dimension häufig jede Vorstellungskraft übersteigen. Ohne diese persönlichen Dokumente, die beispielhaft für Millionen von Einzelschicksalen stehen, wäre der Holocaust kaum greifbar. In den Zeilen von Lilli Jahn wird das abstrakte Grauen konkret, die Zerstörungskraft des Holocaust so deutlich, dass sich dem kein Leser entziehen kann.

Besonders bitter ist Lilli Jahns Geschichte, weil Ernst Jahn seine jüdische Ex-Frau den Nazis indirekt selbst ans Messer lieferte: Er hatte sich 1942 von ihr scheiden lassen, um eine jüngere Kollegin zu heiraten. Freunde hatten ihn gebeten, von der Scheidung abzusehen, durch die Lilli den Schutz der „Misch-Ehe" verlieren würde – vergebens. Dass Lilli diesen Schritt, der sie erst die Freiheit, dann das Leben kosten sollte, hingenommen hat, belegen frühere Briefe. Sie willigte gegen den Rat anderer in die Scheidung ein und bat selbst Freunde um Nachsicht mit Ernst. Nur schwer lässt sich dieses Maß an Großmut nachvollziehen.

Die fünf Kinder Lilli Jahns überlebten den Krieg. Ihr ältester Sohn Gerhard wurde später Justizminister im Kabinett Brandt.

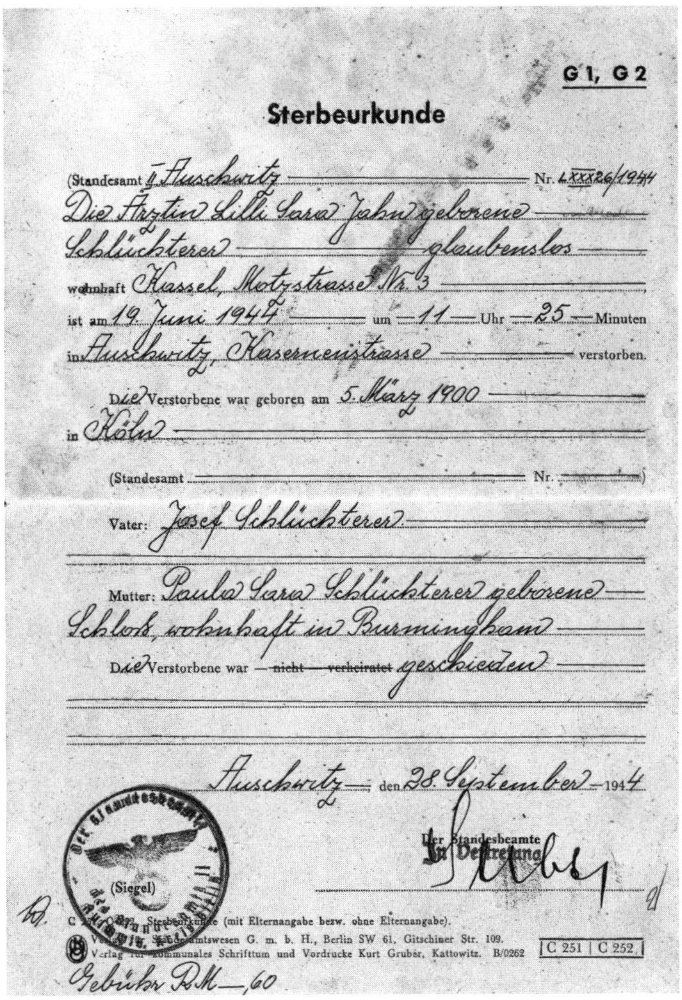

G 1, G 2

Sterbeurkunde

(Standesamt II Auschwitz Nr. LXXX26/1944

Die Ärztin Lilli Sara Jahn geborene Schlüchterer glaubenslos

wohnhaft Kassel, Motzstrasse Nr. 3

ist am 19. Juni 1944 um 11 Uhr 25 Minuten

in Auschwitz, Kasernenstrasse verstorben.

Die Verstorbene war geboren am 5. März 1900

in Köln

(Standesamt Nr.)

Vater: Josef Schlüchterer

Mutter: Paula Sara Schlüchterer geborene Schloß, wohnhaft in Burmingham

Die Verstorbene war ~~nicht verheiratet~~ geschieden

Auschwitz, den 28. September 1944

Der Standesbeamte
In Vertretung

(Siegel)

Sterbeurkunde (mit Elternangabe bezw. ohne Elternangabe).
Verlag für Standesamtswesen G. m. b. H., Berlin SW 61, Gitschiner Str. 109.
Verlag für kommunales Schrifttum und Vordrucke Kurt Gruber, Kattowitz. B/0262

C 251 | C 252

Gebühr RM —,60

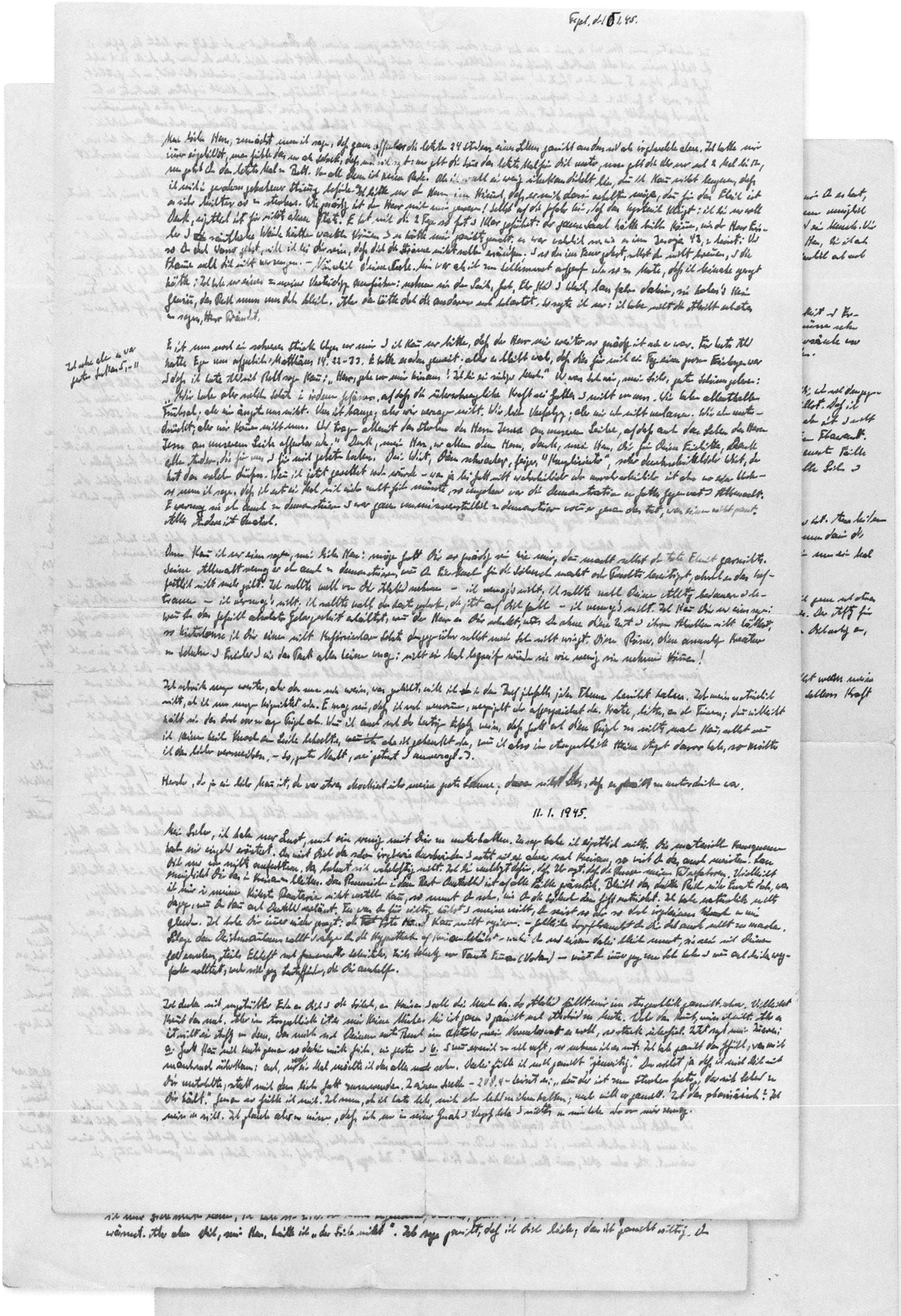
Tegel, d. 10. 1. 45.

11. 1. 1945.

HELMUTH JAMES VON MOLTKE an Freya von Moltke

Tegel, den 10.1.45

Mein liebes Herz, zunächst muss ich sagen, daß ganz offenbar die letzten 24 Stunden eines Lebens garnicht anders sind als irgendwelche anderen. Ich hatte mir immer eingebildet, man fühle das nur als Schreck, daß man sich sagt: nun geht die Sonne das letzte Mal für Dich unter, nun geht die Uhr nur noch 2 Mal bis 12, nun gehst Du das letzte Mal zu Bett. Von all dem ist keine Rede. Ob ich wohl ein wenig überkandidelt bin, denn ich kann nicht leugnen, daß ich mich in geradezu gehobener Stimmung befinde. Ich bitte nur den Herrn im Himmel, daß er mich darin erhalten möge, denn für das Fleisch ist es sicher leichter, so zu sterben. Wie gnädig ist der Herr mit mir gewesen! Selbst auf die Gefahr hin, daß das hysterisch klingt: ich bin so voll Dank, eigentlich ist für nichts anderes Platz. Er hat mich die 2 Tage so fest und klar geführt: der ganze Saal hätte brüllen können, wie der Herr Freisler, und sämtliche Wände hätten wackeln können, und es hätte mir garnichts gemacht; es war wahrlich so, wie es im Jesaja 43,2 heisst: Und so Du durch Wasser gehst, will ich bei dir sein, daß dich die Ströme nicht sollen ersäufen; und so du ins Feuer gehst, sollst du nicht brennen und die Flamme soll dich nicht versengen. – Nämlich Deine Seele. Mir war, als ich zum Schlusswort aufgerufen wurde, so zu Mute, daß ich beinahe gesagt hätte: Ich habe nur eines zu meiner Verteidigung anzuführen: nehmen sie den Leib, Gut, Ehr, Kind und Weib, lass fahren dahin, sie haben's kein Gewinn, das Reich muss uns doch bleiben. Aber das hätte doch die anderen noch belastet. So sagte ich nur: ich habe nicht die Absicht noch etwas zu sagen, Herr Präsident. [...]

11.1.1945

Mein Lieber, ich habe nur Lust, mich ein wenig mit Dir zu unterhalten. Zu sagen habe ich eigentlich nichts. Die materiellen Konsequenzen haben wir eingehend erörtert. Du wirst Dich da schon irgendwie durchwinden, und setzt sich ein anderer nach Kreisau, so wirst Du das auch meistern. Lass Dich nur von nichts anfechten. Das lohnt sich wahrhaftig nicht. Ich bin unbedingt dafür, daß Ihr sorgt, daß die Russen meinen Tod erfahren. Vielleicht ermöglicht Dir das, in Kreisau zu bleiben. Das Rumziehen in dem Rest-Deutschland ist auf alle Fälle grässlich. Bleibt das dritte Reich wider Erwarten doch, was ich mir in meinen kühnsten Phantasien nicht vorstellen kann, so musst Du sehen, wie Du die Söhnchen dem Gift entziehst. Ich habe natürlich nichts dagegen, wenn Du dann auch Deutschland verlässt. Tu, was Du für richtig hältst und meine nicht, Du seiest so oder so durch irgendeinen Wunsch von mir gebunden. [...]

Ich denke mit ungetrübter Freude an Dich und die Söhnchen, an Kreisau und all die Menschen da; der Abschied fällt mir im Augenblick garnicht schwer. Vielleicht kommt das noch. Aber im Augenblick ist es mir keine Mühe. Mir ist ganz und garnicht nach Abschied zu Mute. Woher das kommt, weiss ich nicht. Aber es ist nicht ein Anflug von dem, was mich nach Deinem ersten Besuch im Oktober, nein November war es wohl, so stark überfiel. Jetzt sagt mein Inneres: a. Gott kann mich heute genau so dahin zurückführen wie gestern, und b. und wenn er mich zu sich ruft, so nehme ich es mit. Ich habe garnicht das Gefühl, was mich manchmal überkam: ach, nur noch ein Mal möchte ich das alles sehen. Dabei fühle ich mich garnicht „jenseitig". […]

Das Dramatische an der Verhandlung war letzten Endes folgendes: in der Verhandlung erwiesen sich alle konkreten Vorwürfe als unhaltbar, und sie wurden auch fallengelassen. Nichts davon blieb. Sondern das, wovor das dritte Reich solche Angst hatte, daß es 5, nachher werden es 7 Leute werden, zu Tode bringen muss, ist letzten Endes nur folgendes: ein Privatmann, nämlich Dein Wirt, von dem feststeht, daß er mit 2 Geistlichen beider Konfessionen, mit einem Jesuitenprovinzial und mit einigen Bischöfen, ohne die Absicht, irgend etwas Konkretes zu tun, und das ist festgestellt, Dinge besprochen hat, „die zur ausschliesslichen Zuständigkeit des Führer's gehören". Besprochen was: nicht etwa Organisationsfragen, nicht etwa Reichsaufbau – das alles ist im Laufe der Verhandlung weggefallen, und Schulze hat es in seinem Plaidoyer auch ausdrücklich gesagt („unterscheidet sich völlig von allen sonstigen Fällen, da in den Erörterungen von keiner Gewalt und keiner Organisation die Rede war"), sondern besprochen wurden Fragen der praktisch-ethischen Forderungen des Christentums. Nichts weiter; dafür allein werden wir verurteilt. […]

Für welch eine gewaltige Aufgabe ist Dein Wirt ausersehen gewesen: all die viele Arbeit, die der Herrgott mit ihm gehabt hat, die unendlichen Umwege, die verschrobenen Zickzackkurven, die finden plötzlich in einer Stunde am 10. Januar 1945 ihre Erklärung. Alles bekommt nachträglich einen Sinn, der verborgen war. Mami und Papi, die Geschwister, die Söhnchen, Kreisau und seine Nöte, die Arbeitslager und das Nichtflaggen und nicht der Partei oder ihren Gliederungen angehören, Curtis und die englischen Reisen, Adam und Peter und Carlo, das alles ist endlich verständlich geworden durch eine einzige Stunde. Für diese eine Stunde hat der Herr sich all diese Mühe gegeben.

Und nun, mein Herz, komme ich zu Dir. Ich habe Dich nirgends aufgezählt, weil Du, mein Herz, an einer ganz anderen Stelle stehst als alle die anderen. Du bist nämlich nicht ein Mittel Gottes, um mich zu dem zu machen, der ich bin, du bist vielmehr ich selbst. Du bist mein 13tes Kapitel des ersten Korintherbriefes. Ohne dieses Kapitel ist kein

Mensch ein Mensch. Ohne Dich hätte ich mir Liebe schenken lassen, ich habe sie z. B. von Mami angenommen, dankbar, glücklich, wie man dankbar ist für die Sonne, die einen wärmt. Aber ohne Dich, mein Herz, hätte ich „der Liebe nicht". Ich sage garnicht, daß ich Dich liebe; das ist garnicht richtig. Du bist vielmehr jener Teil von mir, der mir alleine eben fehlen würde. Es ist gut, daß mir das fehlt; denn hätte ich das, so wie Du es hast, diese grösste aller Gaben, mein liebes Herz, so hätte ich vieles nicht tun können, so wäre mir so manche Konsequenz unmöglich gewesen, so hätte ich dem Leiden, das ich ja sehen musste, nicht so zuschauen können und vieles andere. Nur wir zusammen sind ein Mensch. Wir sind, was ich vor einigen Tagen symbolisch schrieb, ein Schöpfungsgedanke. Das ist wahr, buchstäblich wahr. Darum, mein Herz, bin ich auch gewiss, daß Du mich auf dieser Erde nicht verlieren wirst, keinen Augenblick. Und diese Tatsache, die haben wir schliesslich auch noch durch unser gemeinsames Abendmahl, das nun mein letztes war, symbolisieren dürfen.

Ich habe ein wenig geweint, eben, nicht traurig, nicht wehmütig, nicht weil ich zurückmöchte, nein, sondern vor Dankbarkeit und Erschütterung über diese Dokumentation Gottes. Uns ist es nicht gegeben, ihn von Angesicht zu Angesicht zu sehen, aber wir müssen sehr erschüttert sein, wenn wir plötzlich erkennen, daß er ein ganzes Leben hindurch am Tage als Wolke und in der Nacht als Feuersäule vor uns hergezogen ist, und daß er uns erlaubt, das plötzlich, in einem Augenblick, zu sehen. Nun kann nichts mehr geschehen. [...]

Mein Herz, mein Leben ist vollendet, und ich kann von mir sagen: er starb alt und lebenssatt. Das ändert nichts daran, daß ich gerne noch etwas leben möchte, daß ich Dich gerne noch ein Stück auf dieser Erde begleitete. Aber dann bedürfte es eines neuen Auftrages Gottes. Der Auftrag, für den Gott mich gemacht hat, ist erfüllt. Will er mir noch einen neuen Auftrag geben, so werden wir es erfahren. Darum strenge Dich ruhig an, mein Leben zu retten, falls ich den heutigen Tag überleben sollte. Vielleicht gibt es noch einen Auftrag.

Ich höre auf, denn es ist nichts weiter zu sagen. Ich habe auch niemanden genannt, den Du grüssen und umarmen sollst; Du weisst selbst, wem meine Aufträge für Dich gelten. Alle unsere lieben Sprüche sind in meinem Herzen und in Deinem Herzen. Ich aber sage Dir zum Schluss, kraft des Schatzes, der aus mir gesprochen hat und der dieses bescheidene irdene Gefäss erfüllt:

Die Gnade unseres Herrn Jesu Christi und die Liebe Gottes und die
Gemeinschaft des heiligen Geistes sei mit Euch allen. Amen.
J.

Tegel ist ein Stadtteil des Bezirks Reinickendorf in Berlin. Für die meisten Menschen ist Tegel gleichbedeutend mit seinem großen Flughafen, an dem täglich Tausende Passagiere ankommen, umsteigen oder abfliegen. Tegel ist ein Synonym für die nahezu grenzenlose Freiheit, die Welt zu bereisen. Es gibt aber auch Menschen, für die hat die Wortkombination „Tegel" und „Freiheit" einen bitteren Beigeschmack: In Berlin-Tegel steht die größte und eine der ältesten Justizvollzugsanstalten Deutschlands, für deren Insassen die grenzenlose Freiheit ganz weit weg ist. Der große rote Backsteinkomplex ist heute eine moderne Haftanstalt für Männer, mit einer Hausdruckerei und verschiedenen Werkstätten, psychologischer Betreuung und offenem Vollzug. Seit 1998 betreiben Insassen und Mitarbeiter der JVA Tegel sogar eine eigene Website, „Planet Tegel". In der JVA Tegel sitzen 1500 männliche Strafgefangene ihre Haftstrafen ab, das Spektrum reicht von einigen Monaten für weniger schwere Delikte bis lebenslänglich für Mord. Alle wurden in einem rechtsstaatlichen Verfahren verurteilt und die meisten von ihnen werden in die Freiheit entlassen, wenn sie ihre Strafen verbüßt haben.

Vor knapp 70 Jahren gab es keinen Rechtsstaat und auch das Leben im Gefängnis Tegel war ein anderes als heute. Viele der Gefangenen waren nach der „Machtübernahme" durch die Nationalsozialisten nicht wegen Delikten wie Ladendiebstahl oder Betrug inhaftiert, sondern weil sie Gegner des Systems waren. So landeten etwa viele aktive Kommunisten und Sozialdemokraten in Tegel. Ab 1940 wurden Teile des Gebäudes als Wehrmachtsuntersuchungsgefängnis genutzt, das Wachpersonal bestand aus Wehrmachtsangehörigen. In der Gefängnisdruckerei wurden „Führerinformationen" für Adolf Hitler produziert. In den Werkstätten ließ die Gefängnisleitung unter anderem Fallbeile für Guillotinen fertigen. Makaber.

Aus diesem Tegel schrieb Helmuth James Graf von Moltke an seine Frau Freya. Er war im Januar 1944 verhaftet worden, weil er einen Freund vor dessen drohender

HELMUTH JAMES GRAF VON MOLTKE kam am 11. März 1907 in Kreisau, damals Schlesien, als Sohn von Helmuth Graf von Moltke und der aus Südafrika stammenden Dorothy Rose Innes zur Welt. Der junge Helmuth James wuchs in einem liberal und religiös geprägten Elternhaus auf. Nach dem Abitur studierte er in Berlin, Breslau und Wien Rechtswissenschaften. Als überzeugter Christ wurde er schon früh zum Gegner des Nationalsozialismus. 1931 heiratete er die Jura-Studentin Freya Deichmann, mit der er zwei Söhne bekam. 1935 verzichtete er darauf, die Richterlaufbahn einzuschlagen, weil er dafür Mitglied der NSDAP hätte werden müssen. Stattdessen arbeitete er als Rechtsanwalt in Berlin und unterstützte etliche Verfolgte des Nazi-Regimes bei der Emigration. 1938 wurde er Teilhaber einer Kanzlei in Berlin und ging zwischenzeitlich regelmäßig nach England, um den Abschluss als Barrister zu machen. Mit Ausbruch des Zweiten Weltkriegs wurde Moltke Kriegsverwaltungsrat im Amt Ausland/Abwehr des Oberkommandos der Wehrmacht. Dort half er heimlich Verfolgten bei der Flucht und rettete Geiseln und Kriegsgefangene vor Folter und Mord.

Ab 1940 initiierte er gemeinsam mit dem befreundeten Juristen und Widerstandskämpfer Peter Graf Yorck von Wartenburg regelmäßige Treffen mit Gleichgesinnten im privaten Umfeld von Gut Kreisau. Diese Gruppe, ein loser Zusammenschluss von etwa 20 Personen, wurde später als „Kreisauer Kreis" bekannt. Unter ihnen waren Sozialdemokraten wie Julius Leber oder der Reformpädagoge Adolf Reichwein, Adlige wie Carl Dietrich von Trotha – ein Vetter Moltkes – oder Adam von Trott zu Solz sowie Geistliche wie der Jesuitenpater Alfred Delp und der Theologe Eugen Gerstenmaier. Sie sahen ihre Aufgabe nicht in der Überwindung des Nationalsozialismus – sie hofften auf einen Militärputsch –, sondern in der Vorbereitung einer demokratischen Gesellschaft, die nach dem Ende des „Dritten Reichs" entstehen sollte. In ihrem Zentrum sollte eine rechtsstaatliche Ordnung im Sinne des Christentums und der sozialen Gerechtigkeit stehen. Dazu planten sie etwa die Verstaatlichung der Schlüsselindustrien, ein hohes Maß an Mitbestimmung für die Arbeiter, Meinungsfreiheit und eine auf Frieden ausgerichtete Außenpolitik. Bei einem der großen Treffen 1943 schrieben die Aktivisten des Kreisauer Kreises ihre Anforderungen an eine neue Gesellschaft in sieben Grundsätzen nieder.

Am 18. Januar 1944 wurde Helmuth James von Moltke von der SS festgenommen. Im Februar wurde er in das Konzentrationslager Ravensbrück gebracht, wo er aufgrund seiner Funktion und Herkunft etliche Privilegien genoss. Die Nationalsozialisten planten zunächst nicht seine

Verurteilung, sondern eine Strafversetzung des Beamten. Nach dem Attentat auf Adolf Hitler wurde von Moltke wie viele seiner Freunde ausführlich verhört. Teils unter Folter pressten die Nazi-Schergen den Widerstandsangehörigen Aussagen ab, aus denen die Existenz des Kreisauer Kreises und Moltkes Rolle darin bekannt wurden. Daraufhin wurde von Moltke zusammen mit anderen Mitgliedern wegen Hochverrats angeklagt. Am 11. Januar 1945 wurde er vom berüchtigten Nazi-Richter Roland Freisler zum Tode durch den Strang verurteilt. Am 23. Januar 1945 ermordeten die Nationalsozialisten Helmuth James Graf von Moltke in Berlin-Plötzensee.

Verhaftung gewarnt hatte. Helmuth James von Moltke war einer der Köpfe des Kreisauer Kreises, einer Widerstandsgruppe aus Konservativen und Sozialdemokraten, Juristen und Theologen, Katholiken und Protestanten, die gemeinsam detaillierte Pläne für eine demokratische Gesellschaft nach dem Zusammenbruch des Nationalsozialismus schmiedeten. Seinen Namen verdankte die Gruppe dem Gut Kreisau in Schlesien, das den Moltkes gehörte und auf dem mehrere große Konferenzen des Kreises stattfanden. Als Helmuth James verhaftet wurde, wussten die Nationalsozialisten noch nichts von der Existenz des Kreisauer Kreises. Von Moltke wurde zunächst einige Monate im KZ Ravensbrück festgehalten, doch das Regime hatte wenig gegen ihn in der Hand. Außerdem entstammte Helmuth James von Moltke einer großen Adelsfamilie, sein Urgroßonkel Helmuth Karl Bernhard von Moltke war für seine militärischen Verdienste auch bei den Nationalsozialisten hoch angesehen. Deshalb rechnete seine Frau Freya mit seiner baldigen Entlassung. Das änderte sich schlagartig mit dem missglückten Attentat auf Adolf Hitler am 20. Juli 1944. Zwar hatte von Moltke mit dem Anschlag direkt nichts zu tun. Doch die Nationalsozialisten waren alarmiert, der Kampf gegen den Widerstand hatte nun oberste Priorität. Viele Freunde von Moltkes aus dem Kreisauer Kreis und aus dem Umfeld des Attentäters Claus Schenk Graf von Stauffenberg wurden verhaftet, verhört und gefoltert. Der Kreisauer Kreis wurde aufgedeckt, Helmuth James von Moltke des Hochverrats angeklagt und nach Tegel verlegt.

Nicht alle, die in Tegel arbeiteten, waren Soldaten, und nicht alle waren Anhänger des Systems: Der evangelische Gefängnispfarrer Harald Poelchau war religiöser Sozialist und ein Sympathisant der Kreisauer. Er schaffte es, viele Hundert Briefe von und an Helmuth James von Moltke aus Tegel heraus- und nach Tegel hineinzuschmuggeln. Poelchau gab die Briefe Freya von Moltkes auch an sie zurück, nachdem ihr Mann sie gelesen hatte. So konnte Freya von Moltke beide Teile der Korrespondenz, versteckt in einem Bienenstock, für die Nachwelt retten. Die Briefe,

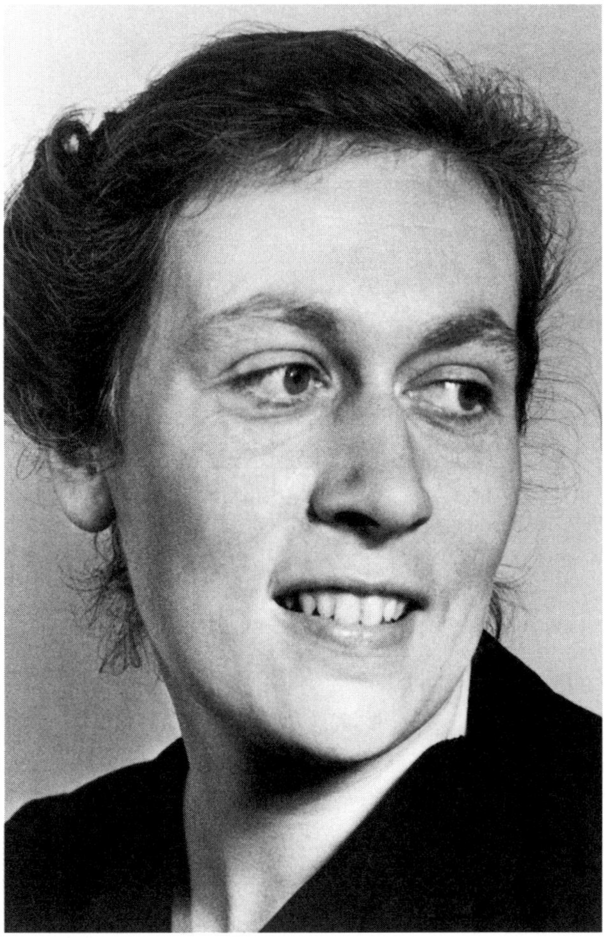

die sich die beiden ab September 1944 zukommen ließen, waren Abschiedsbriefe, und so heißt auch das 2011 erschienene Buch, in dem sie abgedruckt sind.

Es war ein langer, quälender Abschied über vier Monate. Trotzdem sind die Briefe nicht von Trauer geprägt, sondern von der Überzeugung, das Richtige getan zu haben. Helmuth James von Moltke las in Tegel nichts außer der Bibel und dem Gesangbuch. Er war zutiefst gläubig und bereit, sein Schicksal zu akzeptieren. Das war auch Freya von Moltke, die über eine außergewöhnliche innere Stärke verfügte – ohne sich freilich mit dem Schicksal einfach so abzufinden. Mehrfach intervenierte sie bei der Justiz und der Polizei. Alles, was in ihrer Macht stand,

FREYA GRÄFIN VON MOLTKE wurde am 29. März 1911 als Freya Deichmann in eine Bankiersfamilie in Köln geboren. Nach dem Abitur 1930 studierte sie Jura in Köln und Berlin. 1931 heiratete sie Helmuth James von Moltke, den sie 1929 kennengelernt hatte. 1937 und 1941 kamen die gemeinsamen Söhne Helmuth Caspar und Konrad zur Welt. Viele Jahre führten die beiden eine Ehe auf Distanz, weil Freya von Moltke das Gut der von Moltkes in Kreisau verwaltete, während Helmuth in Großbritannien studierte oder später in Berlin arbeitete. Ab 1940 fanden auf dem Gut die Treffen des Kreisauer Kreises statt, bei denen auch Freya stets anwesend war. Nach dem Tod ihres Mannes und dem Ende des Kriegs zog Freya von Moltke mit ihren Söhnen 1947 nach Südafrika, in die Heimat der Großeltern ihres ermordeten Mannes. Wegen der zunehmend sich durchsetzenden Apartheidpolitik ging sie 1956 nach Berlin zurück, wo sie sich stark für das Gedenken an den Kreisauer Kreis und den Widerstand im Dritten Reich engagierte. 1960 emigrierte Freya von Moltke schließlich nach Norwich/Vermont in den USA, wo sie bis an ihr Lebensende blieb. Dort lebte sie mit dem mehr als 20 Jahre älteren Intellektuellen Eugen Rosenstock-Huessy zusammen, der ein ehemaliger Lehrer ihres Mannes gewesen war. Eugen Rosenstock-Huessy starb am 24. Februar 1973. Moltkes „Briefe an Freya" wurden 1988 veröffentlicht, für die Tegel-Briefe verfügte Freya jedoch, dass sie erst nach ihrem Tod publiziert werden dürften. Ab 1990 engagierte Freya von Moltke sich in der „Stiftung Kreisau für Europäische Verständigung". 1997 erschienen ihre „Erinnerungen an Kreisau 1933–1945". Freya von Moltke starb am 1. Januar 2010 mit 98 Jahren in Norwich. Sie hatte nie wieder geheiratet.

um ihrem Mann zu helfen, unternahm sie ohne Rücksicht auf sich selbst, sogar bei Heinrich Himmler reichte sie ein Gnadengesuch ein. Doch gegen den Apparat der Nationalsozialisten war sie letztlich machtlos.

Als Helmuth James von Moltke am 10. Januar 1945 den Brief an seine Frau begann, der hier abgedruckt ist, wussten beide schon längst, dass es kaum noch Hoffnung für ihn gab. Am Tag darauf, der Brief war noch nicht einmal abgeschickt, wurde Helmuth James von Moltke vom Volksgerichtshof zum Tode verurteilt.

Schon in einem frühen Brief aus Tegel schilderte Helmuth James von Moltke seiner Frau einen eigenartigen Traum, in dem er zur Hinrichtung nach Plötzensee gebracht wurde. Der Henker konnte ihn jedoch nicht hinrichten, da seine Frau an seiner rechten Seite festgewachsen war, als seien sie siamesische Zwillinge. Der Traum ist ein schönes Bild für das Verständnis, das die beiden Eheleute von ihrer Beziehung hatten: Sie betrachteten sich als eine Einheit, eine Symbiose zweier unabhängiger Seelen, die miteinander verschmolzen waren. Dieses Gefühl der Einheit ist ein immer wiederkehrendes Motiv in ihren Briefen, in denen sich beide meist mit „Mein Lieber" ansprachen. Beide waren sich einig: Wenn einer von ihnen starb, lebte er im anderen weiter.

Am 23. Januar 1945 wurde Helmuth James von Moltke in Plötzensee hingerichtet. Freya von Moltke hatte ihn wenige Tage zuvor noch ein letztes Mal gesehen: Als Helmuth James von Moltke vom Volksgerichtshof zurück nach Tegel gebracht wurde, wartete seine Frau Freya unerkannt am Gefängnistor. Die beiden sahen sich in die Augen, ohne sich zu verraten. Freya von Moltke erzählte später: „Er wusste, dass ich wusste. Ich wusste, dass er wusste." Beide verstanden einander ohne Worte.

2002 kamen Vertreter der israelischen Holocaust-Gedenkstätte Yad Vashem in die JVA Tegel, um postum zwei ehemalige Gefängnismitarbeiter, den Kantinenwirt Willi Kranz und seine Lebensgefährtin Auguste Leissner, mit dem Ehrentitel „Gerechte/r unter den Völkern" auszuzeichnen. Die beiden hatten im Dritten Reich ein jüdisches Mädchen gerettet. Der ehemalige Gefängnispfarrer Harald Poelchau, der Retter der Moltke-Briefe, hatte diese Ehrung noch zu Lebzeiten 1972 erhalten. Heute erzählt der Stadtteil Tegel mit seinen zwei Institutionen Flughafen und JVA viel über die Bedeutung von Freiheit. Im Dritten Reich war Tegel ein Ort der Barbarei und dank weniger Mutiger zugleich ein Hort der Menschlichkeit.

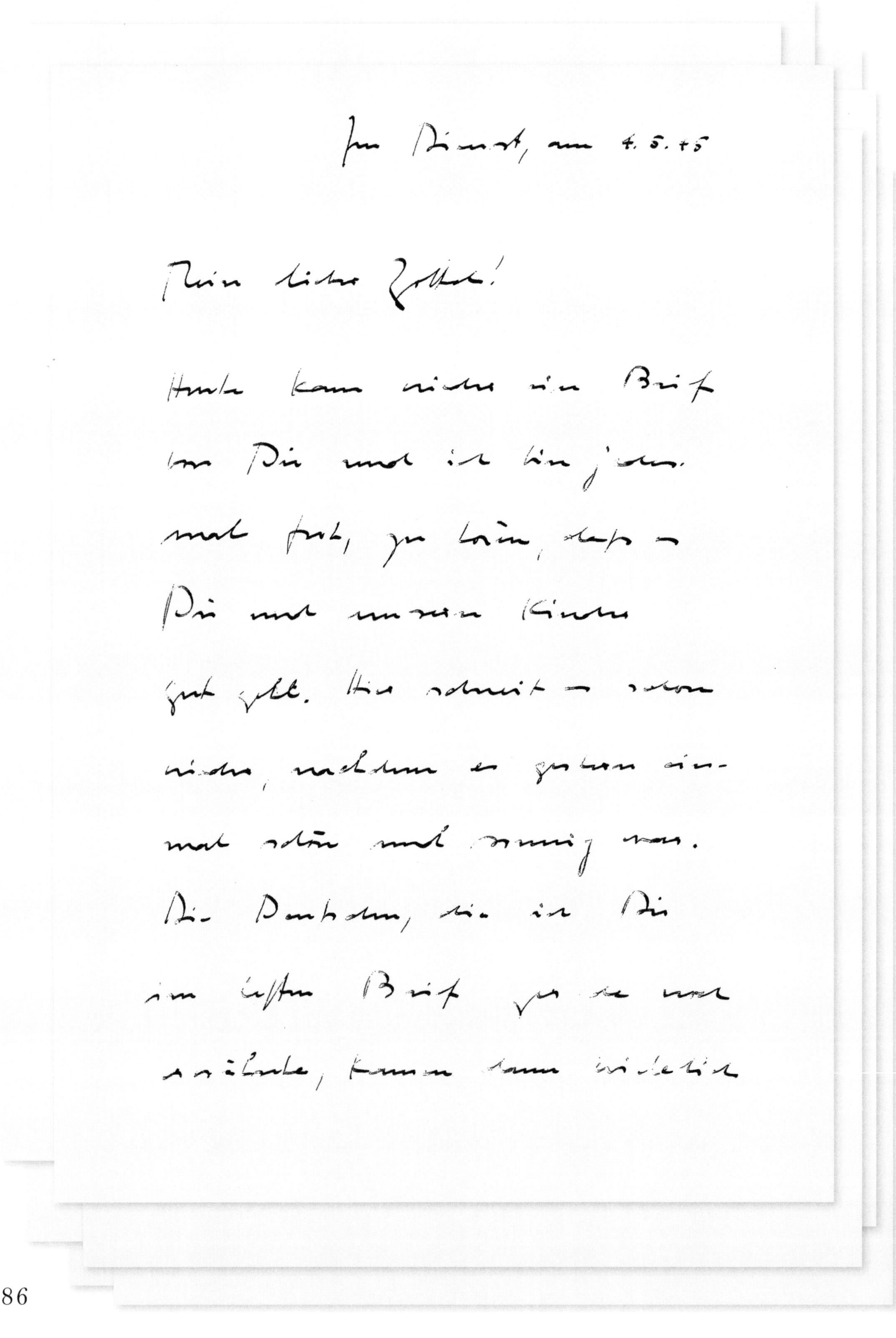
Im Einsatz, am 4.5.45

Mein liebes Zottel!

Heute kam wieder ein Brief
von Dir und ich bin jedesmal froh, zu hören, daß es
Dir und unseren Kindern
gut geht. Hier schneit es schon
wieder, nachdem es gestern einmal schön und sonnig war.
Die Gedanken, die ich Dir
im letzten Brief gesagt und
erzählte, kamen dann wirklich

MAX FRISCH an Trudy Frisch

Im Dienst, am 4. 5. 45

Mein lieber Zottel!

Heute kam wieder ein Brief von Dir und ich bin jedesmal froh, zu hören, daß es Dir und unsern Kindern gut geht. Hier schneit es schon wieder, nachdem es gestern einmal schön und sonnig war.

Die Deutschen, die ich Dir im letzten Brief gerade noch erwähnte, kamen dann wirklich hierher, ich hatte sie zu bewachen. Es gibt wirklich vielerlei Deutsche; zu vielen ist eine Sympathie nicht möglich. Da kommen sie dann mit Säcken voll Büchsen, Butter, Wurst, alles zusammengeplündert, sie essen uns vor, dass uns das Wasser im Munde zusammenläuft, und sind empört über die Gauner von Partisanen, die ihnen ihre Lire und ihre Uhren abgenommen haben; einer weint fast, weil die Uhr ein Andenken an seine Mutter war. So komisch fast ist dieses deutsche Selbstmitleid. Das andere ist die freche Schnauze, noch wenn sie hundemüde und deprimiert sind. Das dritte: sobald sie auf neutralem Gebiet sind, wird der Zwiespalt offenbar, sie lassen sich nicht mehr befehlen, benennen sich Hunde und Schurken – nicht wissend, dass wir sie drunten bei Martinsbruck wieder hinüber stellen werden. Was dann? Man erzählt mir: einige sagen, sie wollen lieber erschossen werden, als wieder hinaus, und eine Gruppe mußte mit MG.-Feuer hinübergetrieben werden. Kaum drüben, so erzählt man mir, haben sie ihren SS-Mann von Hand abgewürgt, und so weiter. Dann sind tausende von Leuten in Schuls, solche aus den Gefangenenlagern und aus den Vernichtungslagern; meine Kameraden haben sie nun gesehen, selber war ich nicht dabei. Noch jetzt, Tag für Tag, sterben sie haufenweise; Tee, den man ihnen einflößt, läuft ihnen unten sofort heraus, Oberschenkel, die man fast mit einer Hand umfassen kann; dann die schwarzen Rücken und Hintern von den Stockschlägen, sie berichten, wie sie in den Lagern sich auf eigne Genossen warfen und ihre Leber assen. Die Russen, von denen ich auch schon Löbliches hörte, sollen nach fünf Jahren in Gefangenschaft vertiert sein, daß der Umgang mit ihnen ein Problem ist, sie lassen die Hosen herunter und scheißen auf den Perron oder auf die Straße, wo es eben ist. Das Unterengadin ist ein ganzes Lazarett, eine stinkende Anklage gegen den Krieg, vorallem gegen den deutschen Krieg. Da schämt man sich fast wieder seines behaglichen Mitleides, das man Tags zuvor mit einem Deutschen hatte, der desertiert ist und als Zivilist in dünnen Schuhen zu uns kam, in unsrer Hütte sich wärmte, nachher wieder an die Grenze gestellt wurde. Keiner will ein Nazi sein; dass man in Rußland sämtliche Juden einfach erschoß, das gibt er zu, als eine Selbstverständlichkeit, aber an Buchenwalde und diese Dinge kann er nicht glauben: Schließlich sind es Deutsche, sagt er, und schließlich sind wir doch keine Unmenschen, sondern Menschen so gut wie andere Europäer! – Dann wieder die Fremdarbeiter, die singen, Franzosen mit dem eitlen Anspruch der Eleganz noch in ihrer Verlotterung, Holländer, die eine Mundharmonika hervornehmen und wie eine Schulreise weiterziehen, auch junge Frauen in Hosen sind darunter. Jubel, Apathie, Elend, Eleganz mit grossem Wagen, Gestank, Armut, Sterben, Wohlgenährte mit dem Anspruch auf Mitleid, deutsche Klage über die Grausamkeit des Krieges, deutsche Ausrede, zweihundert grosse SS-Leute standen in Schuls, als wir dort umstiegen, internierte Polen schauen sich die Herren an, und so weiter –!

So, spürbar und sichtbar, löst ein langer Krieg sich auf, das Wort vom Frieden fällt Dir nicht ein, es sei denn als Hohn auf eigene Hoffnungen von einst; er löst sich auf in Zerrüttung, in müde Entspannung, in hoffnungsarme Gleichmut; das Bewußtsein verhunzter Leben, die Unwahrscheinlichkeit, sich des Friedens freuen zu können, die ewige Enttäuschung, wenn eine lange lange Sehnsucht sich erfüllt – jeder will nur heim, um zu sehen, was ihm noch verblieben ist – dass das Ende eines Unglücks noch nicht das Glück und das Ende einer Sinnlosigkeit noch nicht den Sinn bringt, man hätte es im voraus wissen können! Bald werden die Glocken läuten.

Eigentlich wollte ich Dir nur ein ganz kurzes Brieflein schreiben, Dich wissen lassen, dass ich Deinen Rat befolgt habe: hoch angeben – habe es getan und erreicht, daß ich trotz allgemeiner Urlaubssperre am kommenden Montag zum Nachtessen beim Rapunzel sein werde; am Donnerstag morgen muß ich wieder weg.

Bis dahin auf Wiedersehen!

Dein Max.

So, spürbar und sichtbar, löst ein langer Krieg sich auf, das Wort vom Frieden fällt Dir nicht ein, es sei denn als Hohn auf eigene Hoffnungen von einst" – dies schrieb Max Frisch vier Tage vor dem Ende des Zweiten Weltkriegs in Europa an seine Frau. Es ist ein interessanter Einblick: der Einblick der Neutralität. Wenngleich, und dies thematisiert Frisch immer wieder in literarischen Tagebüchern, Essays und Romanen, die Schweiz im Zweiten Weltkrieg keinesfalls

MAX FRISCH liest man in der Oberstufe, wahlweise eines der Lehrstücke „Herr Biedermann und die Brandstifter" und „Andorra" – oder aber den Roman „Homo Faber". Der pädagogische Hintergrund der Lehrstücke ist klar. „Wehret den Anfängen" heißt die Botschaft im „Biedermann". In „Andorra" lautet sie „Du sollst dir kein Bildnis machen", also niemanden in ein falsches Rollenbild hineinzwängen, erst recht nicht ein antisemitisch geprägtes. Warum um Himmels willen aber sollten sich Jugendliche dafür interessieren, was einen 50-jährigen Ingenieur umtreibt, der versehentlich, aber zwangsläufig in ein inzestuöses Verhältnis mit seiner Tochter hineinstolpert und am Ende Schuld trägt überall und immer neutral blieb. So beschrieb Frisch in seinem „Dienstbüchlein", wie deutsche Züge mit Kohle beladen auf der Gotthardbahn die Alpen querten, unter den Augen der Schweizer Wachsoldaten. Auch berichtete Frisch davon, wie ihm britische Offiziere erzählten, sie seien über Nordafrika von den Deutschen mit Schweizer Flugabwehrbatterien abgeschossen worden, Fabrikat Oerlikon-Bührle. In seinem 1957 veröffentlichten Roman „Homo Faber" kritisierte Frisch zudem die fragwürdige Asylpolitik seines Heimatlandes. Hanna, die Jugendliebe des Romanhelden Walter Faber, kann als deutsche Jüdin nur in der Schweiz bleiben, wenn sie einen Schweizer heiratet. Hanna lehnt das Zweckbündnis ab. Das ist pure Autobiografie, wie so vieles andere im Werk Frischs. Max Frisch hatte sich in die aus Berlin stammende Käte Rubensohn verliebt, eine deutsche Jüdin, die in Zürich studierte. Wie die literarische Figur Hanna den Heiratsantrag Fabers zurückwies, so weigerte sich die reale Käte Rubensohn im Jahr 1939, Max Frisch zu heiraten.

Tatsächlich war die Eheschließung mit einem Schweizer Staatsbürger für einen jüdischen Flüchtling oft die einzige Chance, im Land bleiben zu können. Während der Nazizeit war die Schweiz kein asylfreundliches Land und nahm während des Zweiten Weltkriegs lediglich 55 000 erwachsene Zivilflüchtlinge auf. Hingegen wurden rund 20 000 bis 25 000 jüdische Flüchtlinge aus Deutschland, die es über die Schweizer Grenze geschafft hatten, in den sicheren Tod zurückgetrieben. Das populistische Motto lautete „Das Boot ist voll" – außerdem befürchteten die Schweizer, dass Nazideutschland eine aktive Aufnahme jüdischer Flüchtlinge als Provokation empfunden und das kleine Land eventuell deshalb überfallen hätte. Die restriktive Asylpolitik der Schweiz änderte sich erst 1944, als sich die militärische Niederlage Deutschlands abzeichnete und Nachrichten über die Vernichtung der Juden in Osteuropa die Schweiz erreichten. Für Juden in Deutschland und Westeuropa kam dies zu spät.

Die Schweiz achtete im Zweiten Weltkrieg sehr darauf, sich aus allen Kampfhandlungen herauszuhalten

an ihrem Tod? Ganz einfach: Frisch wird von Jugendlichen gelesen, weil er von ihnen verstanden wird. Frisch ist beileibe kein Jugendbuchautor, seine Geschichten stammen aus einer anderen Zeit. Aber er gibt den Jugendlichen von heute immer noch Einblicke in die Erwachsenenwelt und ihre Probleme.

Max Frisch wurde am 15. Mai 1911 in Zürich geboren. Sein Vater Franz Bruno Frisch war Architekt, Max Frisch selbst sollte diesen Beruf zumindest kurzzeitig ergreifen. Frischs Bildungsweg war nicht eben stringent und taugt nicht als Vorbild für die heutige Generation karrierebewusster Heranwachsender. Von 1930 bis 1933 studierte er Germanistik, dann brach er dieses Studium nach dem Tod des Vaters ab und verdiente sein Geld als freier Journalist und unternahm erste schriftstellerische Versuche. 1936, immerhin schon 25 und für ein Erstsemester ziemlich alt, nahm Frisch ein Architekturstudium auf. Er schloss es 1940 ab und eröffnete 1943 sein eigenes Architekturbüro. Bereits im Jahr zuvor hatte er seine erste Frau, die Architektin Gertrud von Meyenburg, geheiratet. Während des Zweiten Weltkriegs wurde Frisch als Kanonier der Schweizer Armee immer wieder dienstverpflichtet.

Auch als Architekt und Soldat schrieb Frisch weiter. In der Nachkriegszeit lernte er Carl Zuckmayer und Bert Brecht kennen und bewegte sich in Intellektuellenkreisen. In seinem literarischen „Tagebuch 1946–1949" legte Frisch viele Motive skizzenhaft an, die er in seinem späteren erzählerischen und dramatischen Werk ausführen sollte. 1951 führte ihn eine Einladung der Rockefeller Foundation für ein Jahr in die USA. Dort entwickelte er seinen Identitätsroman „Stiller", der 1954 veröffentlicht wurde und Frisch als Schriftsteller den Durchbruch brachte. 1957 folgte als zweiter Teil der Romantrilogie „Homo Faber", die Demontage des kühl-rationalen Technikers. 1964 erschien schließlich der Experimentalroman „Mein Name sei Gantenbein", in dem der Erzähler seine Romanfiguren Geschichten anprobieren lässt „wie Kleider".

Das Leben Frischs verlief unstet. Viele Bücher, viele Reisen, viele Frauen. 1954 verließ Frisch seine Frau Gertrud und die drei gemeinsamen Kinder. 1958 lernte er die Dichterin Ingeborg Bachmann kennen und lebte mit ihr jahrelang in Rom zusammen, die Szenen dieser Beinahe-Ehe sind im „Gantenbein" nachzulesen. 1962 fing Frisch eine Beziehung mit der 28 Jahre jüngeren Marianne Oellers an, die er 1968 heiratete. 1974 hatte Frisch eine Affäre mit der Amerikanerin Alice Locke-Carey. Diese und andere Affären und zugleich seine Ehen verarbeitete Frisch in der 1975 erschienenen autobiografischen Erzählung „Montauk", die einen intimen Einblick in das Leben Frischs bietet – und an der letztlich auch die Ehe mit Marianne Oellers zerbrach. Frisch nahm die Beziehung mit Alice

und wurde dafür (und für ein gewisses Wohlverhalten gegenüber Nazideutschland und dem faschistischen Italien) nicht in das direkte Kriegsgeschehen hineingezogen. Während ringsherum aus surrealen Beweggründen angezettelte apokalyptische Kriege tobten, in denen millionenfach gemordet und gestorben wurde, und der Rassenwahn grassierte, war die Schweiz ein Hort des Friedens und einer ebenfalls surreal anmutenden Ruhe. Das Schweizer Militär verharrte in Wartestellung. Der Krieg blieb draußen, die Schweiz sauber und zivilisiert. Nur die Nachrichten vom millionenfachen Morden und Sterben drangen ins Land. Wie der Brief an seine Frau belegt, wusste Frisch als Schweizer am 4. Mai 1945 um Massenerschießungen und um die Existenz der Vernichtungslager. Alle Schweizer wussten das und blieben doch nur Zeugen, die sich je nach Betrachtungsweise und Befindlichkeit zur Untätigkeit verdammt fühlten oder aber sich in ihrer Untätigkeit komfortabel eingerichtet hatten.

Mit eben der Ausnahme der letzten Kriegstage, in denen Frisch seinen Brief an seine erste Frau Gertrud, genannt Trudy, schrieb. Im Chaos der Auflösung brandeten nun die Menschenmassen in die Schweiz, Opfer und Täter gleichermaßen. Die Schweiz wurde, wenn auch nur im Rahmen von Grenzscharmützeln und ohne offizielle Kriegserklärung, zur Kriegspartei. Wie der Briefeschreiber Max Frisch bezeugte, wurden deutsche Soldaten mit Maschinengewehrfeuer zurück nach Italien getrieben.

Es macht einen Unterschied, ob man von Mord und Folterung aus Zeitungsberichten erfährt oder ob man den Überlebenden begegnet und mit den Tätern spricht. Der Soldat Max Frisch, 1945 ein Schriftsteller am Beginn seiner großen und langen Karriere, hatte damit das politische Thema gefunden, das sein weiteres schriftstellerisches Schaffen prägte: das Verhältnis der Schweiz zu Deutschland und zu sich selbst. Vielleicht mehr noch, im Krieg fand er den großen Themenkomplex, der ihn zeitlebens beschäftigen sollte: das Ringen um die eigene Identität und das Scheitern des Ichs vor den von außen aufgezwungenen Rollenbildern.

Locke-Carey wieder auf und lebte mit ihr bis 1983 in New York zusammen. Danach kehrte er nach Zürich zurück, wo er 1985 seine letzte Lebensgefährtin Karin Pilliod kennenlernte. Frisch schrieb bis ins hohe Alter weiter, im nun kargen und spröden Stil spiegelt er mitleidlos seinen eigenen Alterungsprozess. Das ist schwere Kost, nicht nur für Jugendliche, und als Schullektüre sicher weniger geeignet. Frisch erkrankte Ende der 1980er Jahre an Darmkrebs und starb am 4. April 1991.

GERTRUD „TRUDY" CONSTANZE FRISCH-VON MEYENBURG wurde 1916 geboren. Sie entstammte einer Adelsfamilie aus Schaffhausen, ihr Vater war Pathologe und Universitätsprofessor. Ihren späteren Mann Max Frisch lernte sie als Kommilitonen während ihres Architekturstudiums an der ETH Zürich kennen. 1940 diplomierte sie als Architektin. Ihrer Ehe entstammten drei Kinder. Nachdem Max Frisch die Familie 1954 verlassen hatte, kehrte Gertrud Frisch-von Meyenburg in ihren Beruf zurück und arbeitete als selbstständige Architektin sowie als Gestalterin von Architekturbaukästen. Die erste Ehefrau des Schriftstellers Max Frisch starb 2009.

DER REGIERENDE BÜRGERMEISTER VON BERLIN

Geschäftszeichen: RBm/Bö

1 BERLIN-SCHÖNEBERG, DEN 15. August 1961
RUDOLPH-WILDE-PLATZ
FERNRUF: 71 02 61, APP. 3300
(95) .... (nur im Innenbetrieb)

An den
Präsidenten der Vereinigten Staaten
von Amerika
Herrn John Fitzgerald K e n n e d y

Washington, D. C. / USA

Sehr verehrter Herr Präsident !

Nach den Entwicklungen der letzten drei Tage in meiner Stadt möchte ich Ihnen in diesem persönlichen und informellen Schreiben einige der Gedanken und Gesichtspunkte mitteilen, die mich bewegen.

Die Maßnahmen des Ulbricht-Regimes, gestützt durch die Sowjetunion und den übrigen Ostblock, haben die Reste des Vier-Mächte-Status nahezu völlig zerstört. Während früher die Kommandanten der alliierten Mächte in Berlin bereits gegen Paraden der sogenannten Volksarmee protestierten, haben sie sich jetzt mit einem verspäteten und nicht sehr kraftvollen Schritt nach der militärischen Besetzung des Ostsektors durch die Volksarmee begnügen müssen. Die illegale Souveränität der Ostberliner Regierung ist durch Hinnahme anerkannt worden, soweit es sich um die Beschränkung der Übergangsstellen und des Zutritts zum Ostsektor handelt. Ich halte dies für einen ernsten Einschnitt in der Nachkriegsgeschichte dieser Stadt, wie es ihn seit der Blockade nicht mehr gegeben hat.

trauen.

Briefwechsel zwischen WILLY BRANDT und JOHN F. KENNEDY

Der Regierende Bürgermeister von Berlin

Berlin-Schöneberg, den 15. August 1961
Rudolph-Wilde-Platz
Fernruf: 71 02 61, App. 3300

An den
Präsidenten der Vereinigten Staaten
von Amerika
Herrn John Fitzgerald K e n n e d y
Washington, D. C. / USA

Sehr verehrter Herr Präsident!

Nach den Entwicklungen der letzten drei Tage in meiner Stadt möchte ich Ihnen in diesem persönlichen und informellen Schreiben einige der Gedanken und Gesichtspunkte mitteilen, die mich bewegen.

Die Maßnahmen des Ulbricht-Regimes, gestützt durch die Sowjetunion und den übrigen Ostblock, haben die Reste des Vier-Mächte-Status nahezu völlig zerstört. Während früher die Kommandanten der alliierten Mächte in Berlin bereits gegen Paraden der sogenannten Volksarmee protestierten, haben sie sich jetzt mit einem verspäteten und nicht sehr kraftvollen Schritt nach der militärischen Besetzung des Ostsektors durch die Volksarmee begnügen müssen. Die illegale Souveränität der Ostberliner Regierung ist durch Hinnahme anerkannt worden, soweit es sich um die Beschränkung der Übergangsstellen und des Zutritts zum Ostsektor handelt. Ich halte dies für einen ernsten Einschnitt in der Nachkriegsgeschichte dieser Stadt, wie es ihn seit der Blockade nicht mehr gegeben hat.

Die Entwicklung hat den Widerstandswillen der Westberliner Bevölkerung nicht verändert, aber sie war geeignet, Zweifel in die Reaktionsfähigkeit und Entschlossenheit der drei Mächte zu wecken. Dabei ist ausschlaggebend, daß der Westen sich stets gerade auf den existierenden Vier-Mächte-Status berufen hat.

Ich weiß wohl, daß die gegebenen Garantien für die Freiheit der Bevölkerung, die Anwesenheit der Truppen und den freien Zugang allein für West-Berlin gelten. Dennoch handelt es sich um einen tiefen Einschnitt im Leben des deutschen Volkes und um ein Herausdrängen aus Gebieten der gemeinsamen Verantwortung (Berlin und Deutschland als ganzes), durch die das gesamte westliche Prestige berührt wird. Die politisch-psychologische Gefahr sehe ich in doppelter Hinsicht:

1.) Untätigkeit und reine Defensive könnten eine Vertrauenskrise zu den Westmächten hervorrufen.

2.) Untätigkeit und reine Defensive könnten zu einem übersteigerten Selbstbewußtsein des Ostberliner Regimes führen, das heute bereits in seinen Zeitungen mit dem Erfolg seiner militärischen Machtdemonstration prahlt.

Die Sowjetunion hat die Hälfte ihrer Freistadt-Vorschläge durch den Einsatz der deutschen Volksarmee erreicht. Der zweite Akt ist eine Frage der Zeit. Nach dem zweiten Akt würde es ein Berlin geben, das einem Ghetto gleicht, das nicht nur seine Funktion als Zufluchtsort der Freiheit und als Symbol der Hoffnung auf Wiedervereinigung verloren hat, sondern das auch vom freien Teil Deutschlands abgeschnitten wäre. Dann könnten wir statt der Fluchtbewegung nach Berlin den Beginn einer Flucht aus Berlin erleben.

Ich würde es dieser Lage für angemessen halten, wenn die Westmächte zwar die Wiederherstellung der Viermächteverantwortung verlangen, gleichzeitig aber einen Drei-Mächte-Status Westberlins proklamieren würden. Die drei Mächte sollten die Garantie ihrer Anwesenheit in West-Berlin bis zur deutschen Wiedervereinigung wiederholen und gegebenenfalls von einer Volksabstimmung der Bevölkerung in West-Berlin und der Bundesrepublik unterstützen lassen. Es bedarf auch eines klaren Wortes, daß die deutsche Frage für die Westmächte keineswegs erledigt ist, sondern daß sie mit Nachdruck auf einer Friedensregelung bestehen werden, die dem Selbstbestimmungsrecht des deutschen Volkes und den Sicherheitsinteressen aller Beteiligten entspricht. Außerdem würde ich es für gut halten, wenn der Westen das Berlin-Thema durch eigene Initiative vor die Vereinten Nationen brächte, mindestens mit der Begründung, die Sowjetunion habe in eklatanter Weise die Erklärung der Menschenrechte verletzt. Es scheint mir besser zu sein, die Sowjetunion in einen Anklagezustand zu versetzen, als dasselbe Thema nach Anträgen anderer Staaten diskutieren zu müssen.

Ich verspreche mir von derartigen Schritten keine wesentliche materielle Änderung der augenblicklichen Situation und kann nicht ohne Bitterkeit an die Erklärungen denken, die Verhandlungen mit der Sowjetunion mit der Begründung abgelehnt haben, man dürfe nicht unter Druck verhandeln. Wir haben jetzt einen Zustand vollendeter Erpressung, und schon höre ich, daß man Verhandlungen nicht werde ablehnen können. In einer solchen Lage ist es umso wichtiger, wenigstens politische Initiative zu zeigen, wenn die Möglichkeit der Initiative des Handelns schon so gering ist.

Nach der Hinnahme eines sowjetischen Schrittes, der illegal ist und als illegal bezeichnet worden ist und angesichts der vielen Tragödien, die sich heute in Ostberlin und in der Sowjetzone Deutschlands abspielen, wird uns allen das Risiko letzter Entschlossenheit nicht erspart bleiben. Es wäre zu begrüßen, wenn die amerikanische Garnison demonstrativ eine gewisse Verstärkung erfahren könnte.

Ich schätze die Lage ernst genug ein, um Ihnen, verehrter Herr Präsident, mit dieser letzten Offenheit zu schreiben, wie sie nur unter Freunden möglich ist, die einander voll vertrauen.

Ihr Willy Brandt

THE WHITE HOUSE

WASHINGTON

SECRET

August 18, 1961

Dear Mayor Brandt:

I have read with great care your personal informal letter of August 16th and I want to thank you for it. In these testing days it is important for us to be in close touch. For this reason I am sending my answer by the hand of Vice President Johnson. He comes with General Clay, who is well known to Berliners; and they have my authority to discuss our problems in full frankness with you.

The measures taken by the Soviet Government and its puppets in East Berlin have caused revulsion here in America. This demonstration of what the Soviet Government means by freedom for a city, and peace for a people, proves the hollowness of Soviet pretensions; and Americans understand that this action necessarily constitutes a special blow to the people of West Berlin, connected as they remain in a myriad of ways to their fellow Berliners in the eastern sector. So I understand entirely the deep concerns and sense of trouble which prompted your letter.

Grave as this matter is, however, there are, as you say, no steps available to us which can force a significant material change in this present situation. Since it represents a resounding confession of failure and of political weakness, this brutal border closing evidently represents a basic Soviet decision which only war could reverse. Neither you nor we, nor any of our Allies, have ever supposed that we should go to war on this point.

Yet the Soviet action is too serious for inadequate responses. My own objection to most of the measures which have been proposed -- even to most of the suggestions in

SECRET

Das Weiße Haus
Washington

GEHEIM

18. August 1961

Sehr geehrter Herr Bürgermeister Brandt,

ich habe Ihr persönliches, inoffizielles Schreiben vom 16. August sehr sorgfältig gelesen und möchte Ihnen dafür danken. In diesen Tagen, die uns auf die Probe stellen, ist es für uns wichtig, in engem Kontakt zu stehen. Deshalb schicke ich Ihnen meine Antwort durch den Vizepräsidenten Johnson. Er kommt zusammen mit General Clay, der den Berlinern wohlbekannt ist; beide sind von mir autorisiert, unsere Probleme in aller Offenheit mit Ihnen zu besprechen.

Die von der sowjetischen Regierung und ihren Marionetten in Ostberlin ergriffenen Maßnahmen haben hier in Amerika heftige Reaktionen ausgelöst. Diese Demonstration dessen, was die sowjetische Regierung unter Freiheit für eine Stadt und Frieden für ein Volk versteht, beweist die Falschheit der sowjetischen Absichten; und die Amerikaner verstehen, dass dieses Vorgehen zwangsläufig einen besonderen Schlag für die Bevölkerung von Westberlin darstellt, weil sie weiterhin auf unzählige Arten mit ihren Berliner Mitbürgern im Ostsektor verbunden sind. Daher verstehe ich völlig die tiefe Beunruhigung und Sorge, die Anlass Ihres Schreibens waren.

Aber so ernst diese Angelegenheit auch ist, so stehen uns doch, wie Sie sagen, keine Maßnahmen zur Verfügung, die eine wesentliche Änderung der Sachlage in der derzeitigen Situation bewirken können. Da dieses brutale Schließen der Grenze ein deutliches Eingeständnis des Versagens und der politischen Schwäche darstellt, bedeutet dies offensichtlich eine grundlegende sowjetische Entscheidung, die nur durch Krieg rückgängig gemacht werden könnte. Weder Sie noch wir, noch irgendeiner unserer Verbündeten haben jemals angenommen, dass wir an diesem Punkt einen Krieg beginnen müssten.

Doch der sowjetische Schritt ist für unangemessene Reaktionen zu ernst. Mein eigener Einwand gegen die meisten der vorgeschlagenen Maßnahmen – selbst gegen die meisten der in Ihrem Brief gemachten Vorschläge – ist der, dass sie lediglich Bagatellen sind im Vergleich zu dem, was vorausgegangen ist. Darüber hinaus scheinen einige davon, für sich genommen, kaum Erfolg versprechend zu sein. Zum Beispiel urteilen wir zurzeit so über die Frage eines sofortigen Appells an die Vereinten Nationen, obwohl wir diese Möglichkeit weiterhin ständig fest im Auge behalten sollten.

Nach sorgfältiger Überlegung habe ich beschlossen, dass die beste Sofortreaktion eine wesentliche Verstärkung der westlichen Garnisonen ist. Die Bedeutung dieser Verstärkung ist symbolischer Natur – aber nicht nur symbolisch. Wir wissen, dass die Sowjetunion weiter besonderen Nachdruck auf ihre Forderung nach Aufhebung des alliierten Schutzes für Westberlin legt. Wir glauben, dass selbst eine bescheidene Verstärkung unsere Zurückweisung dieses Gedankens unterstreichen wird.

Zugleich – und das ist von noch grundlegenderer Bedeutung – werden wir die umfassende Erhöhung der militärischen Stärke des Westens, die wir beschlossen haben und als notwendige Reaktion auf die langfristige sowjetische Bedrohung Berlins und von uns allen betrachten, fortsetzen und beschleunigen.

Innerhalb Berlins, die unmittelbaren Angelegenheiten der Stadt betreffend, mag es andere, besonders geeignete Maßnahmen geben, die man ergreifen kann. Diese werden wir so schnell und verständnisvoll wie möglich prüfen, und ich hoffe, Sie werden Ihre eigenen Ansichten über derartige Schritte zweifellos in aller Offenheit gegenüber Vizepräsident Johnson und seiner Begleitung zum Ausdruck bringen. Maßnahmen, die wirksam unser anhaltendes Engagement für die Freiheit in Berlin demonstrieren, werden unsere Unterstützung haben.

Mit besonderer Aufmerksamkeit habe ich Ihren Vorschlag eines Dreimächtestatus für West-Berlin erwogen. Mein Urteil lautet, dass eine offizielle Verkündigung eines derartigen Status eine Schwächung der Viermächtebeziehungen mit sich bringen würde, auf denen unser Widerstand gegen das Schließen der Grenze beruht. Wie auch immer die unmittelbaren Pläne aussehen mögen, ich bin nicht der Meinung, dass wir so zweigleisig fahren sollten. Ich stimme in dem Punkt völlig mit Ihnen überein, dass die Garantien, die wir Westberlin gewährt haben, immer wieder bestätigt und erneuert werden sollen, und genau dies tun wir auch. Darüber hinaus befürworte ich Ihren Vorschlag einer angemessenen Volksabstimmung, durch die bewiesen wird, dass Westberlin nach wie vor davon überzeugt ist, sein Schicksal liege in der Freiheit in Anbindung an den Westen.

Allgemeiner gesagt möchte ich Ihnen dringend ans Herz legen, dass wir uns nicht durch das Vorgehen der Sowjetunion, das in sich ein Beweis von Schwäche ist, aus der Fassung bringen lassen dürfen. Westberlin ist heutzutage wichtiger denn je, und seine Mission, für die Freiheit einzustehen, ist niemals so wichtig wie heute gewesen. Die Verbindung Westberlins zur freien Welt ist nicht rhetorisch. So wichtig auch die Bande zum Osten gewesen sein mögen, so schmerzlich ihre schändliche Verletzung, so verläuft doch das Leben dieser Stadt, wie ich es verstehe, in erster Linie zum Westen hin – ihr wirtschaftliches Leben, ihre moralischen Grundwerte und ihre militärische Sicherheit. Es wäre gut, wenn Sie konkrete Möglichkeiten vorschlügen, wie diese Bindung in einer Weise erweitert werden könnte, dass sich die Bürger von Westberlin aktiver ihrer Rolle bewusst werden, und zwar nicht nur als Vorposten der Freiheit, sondern als lebendiger Teil der freien Welt und all ihrer Unternehmungen. In dieser doppelten Mission sind wir Partner, und ich bin zuversichtlich, dass wir uns in der Zukunft auch weiterhin so sicher aufeinander verlassen können, wie wir es in der Vergangenheit getan haben.

Mit herzlichen Grüßen
Hochachtungsvoll

John Kennedy

In der Nähe des Grenzübergangs Ledra-Straße in Nikosia hängt ein Schild mit der mehrsprachigen Aufschrift: „Die letzte geteilte Hauptstadt". Auf der einen Seite der „Grünen Linie" leben hier die türkischen Zyprer, auf der anderen die griechischen. In den vergangenen Jahren gab es immer wieder Versuche, das Zypernproblem zu lösen, im besten Fall sogar eine Wiedervereinigung zu erreichen. Als am 3. April 2008 der Übergang Ledra-Straße geöffnet wurde, von den Bewohnern „Brandenburger Tor" genannt, erschien das als eine Art symbolischer Durchbruch. Die griechisch-zyprische Zeitung „Phileleftheros" reagierte euphorisch: „Es wurde ein Fenster zum Frühling geöffnet." Bis heute konnte das damit verbundene Versprechen jedoch nicht eingelöst werden – Nikosia bleibt geteilt.

Vor einem halben Jahrhundert gab es die Grenze in Nikosia noch nicht. Dafür drohte die Teilung einer anderen europäischen Stadt zementiert zu werden, die über Jahrzehnte anhalten sollte. In Berlin stießen aber nicht zwei Regionalmächte aufeinander, sondern zwei mit Atombomben bewaffnete Großmächte mit konträren Ideologien. Am 13. August 1961 rollten Bauarbeiter in Berlin unter dem Schutz der Nationalen Volksarmee Stacheldraht aus und traktierten die Straße mit Pressluft-hämmern. Was das bedeutete, war unmissverständlich: Die DDR war dabei, eine permanente Grenze durch die Stadt zu ziehen. Noch zwei Monate zuvor hatte Walter Ulbricht den denkwürdigen Satz gesagt: „Niemand hat die Absicht, eine Mauer zu errichten." Er war damit der Erste, der in diesem Zusammenhang den Begriff der Mauer verwendete. Bald darauf straften die Fakten Ulbricht Lügen und allen war klar, dass die geheimen Pläne für den Mauerbau zu diesem Zeitpunkt längst beschlossene Sache waren.

Willy Brandt, Regierender Bürgermeister in West-Berlin und SPD-Kanzlerkandidat für die bevorstehende Bundestagswahl, unterbrach auf der Stelle seine Wahlkampfreise und kehrte nach Berlin zurück, um sich selbst ein Bild von dem zu machen, was dort geschah. Zwei Tage später wandte er sich in einem vertraulichen Brief an den einflussreichsten Machthaber unter den westlichen Verbündeten, den US-Präsidenten John F. Kennedy. Ausführlich forderte er den Präsidenten auf, tätig zu werden, um der Sowjetunion Einhalt zu gebieten. Am 16. August verkündete Brandt in einer öffentlichen Rede, was er dem amerikanischen Präsidenten mitgeteilt habe: „Berlin erwartet mehr als Worte. Berlin erwartet politische Aktion." Dieser Aussage konnte sich sicherlich der Großteil der West-Berliner anschließen. Dennoch: Der geheime Brief an Kennedy war ein Affront in mehrfacher Hinsicht.

Zum einen deshalb, weil sich der Bürgermeister, vorbei an Bundeskanzler Konrad Adenauer und an dessen Außenminister Heinrich von Brentano, direkt an das amerikanische Staatsoberhaupt gewandt hatte. Ein Bürgermeister, der eigenmächtig Außenpolitik betreibt und auf Augenhöhe mit einem Präsidenten kommuniziert – noch dazu mitten im laufenden Wahlkampf? Das hatte es zuvor nicht gegeben. Die CDU war entrüstet. Hinzu kam: Als die amerikanische Botschaft bei der deutschen Bundesregierung nachfragte, was sie von dem Brief halte, war der Text dort noch gar nicht bekannt. Der Grund waren organisatorische Probleme in Bonn. Der Vertreter der Bundesregierung in Berlin, der eine Abschrift des Briefs hätte übergeben sollen, hatte schlichtweg noch keinen Termin bekommen.

Zum anderen war auch das Weiße Haus zunächst gar nicht angetan von Brandts Schreiben. Drohte der Bürgermeister doch deutlich mit einem möglichen Vertrauensverlust gegenüber den Westmächten, wenn diese nicht schnell handelten. Das Selbstbewusstsein dieses deutschen Politikers, der es wagte, den USA zu drohen, wurde in Washington mit Befremden aufgenommen – ebenso wie die recht persönliche Grußformel, die Brandt ans Ende seines Brandbriefs gesetzt hatte: „Ich schätze die Lage ernst genug ein, um Ihnen, verehrter Herr Präsident, mit dieser letzten Offenheit zu schreiben, wie sie nur unter Freunden möglich ist, die einander voll vertrauen."

WILLY BRANDT kam am 18. Dezember 1913 als Herbert Ernst Karl Frahm in Lübeck zur Welt. Er war der uneheliche Sohn von Martha Frahm und erfuhr erst 1948, dass der sozialdemokratische Lehrer John Möller sein Vater war. Willy Brandt wuchs bei seinem Großvater auf, der ebenfalls Sozialdemokrat war, und legte 1932 das Abitur ab. Schon in der Schulzeit war er in der Sozialistischen Arbeiterjugend (SAJ) aktiv und schrieb für die SPD-Zeitung „Lübecker Volksbote". Dort lernte er den Chefredakteur Julius Leber kennen, der sein Mentor wurde und ihn mit 16 Jahren in die SPD aufnahm. 1931 schloss sich Brandt der SAP, einer linken Abspaltung der SPD, an und wurde Vorsitzender ihrer Jugendorganisation in Lübeck. Seinen Lebensunterhalt bestritt er als Mitarbeiter einer Schiffsmaklerfirma und durch seine journalistische Tätigkeit. Nach der „Machtübernahme" der NSDAP 1933 ging er für kurze Zeit in den Untergrund, wo er sich den Decknamen Willy Brandt zulegte. Im April 1933 floh Willy Brandt auf einem Fischkutter über Dänemark nach Norwegen. Aus dem Exil in Oslo unterstütze er den Kampf gegen die Nazis und die Arbeit der SAP, außerdem studierte er in Norwegen Geschichte. Er kehrte 1936, getarnt als norwegischer Student unter dem Pseudonym Gunnar Gaasland, nach Deutschland zurück und leitete in Berlin eine antifaschistische Untergrundorganisation. Ab 1937 reiste er durch verschiedene europäische Länder und versuchte, den Kontakt zwischen den sozialistischen Kräften in den Exilländern herzustellen. Im Spanischen Bürgerkrieg betätigte er sich als Berichterstatter. Zurück in Oslo erfuhr Willy Brandt 1938 von seiner Ausbürgerung durch die Nazis und er beantragte die norwegische Staatsbürgerschaft, die er 1940 erhielt. Nach der Besetzung Norwegens durch deutsche Truppen wurde er als vermeintlich norwegischer Soldat gefangen genommen. Ihm gelang die Flucht nach Schweden, wo er unter dem Namen Felix Franke als Journalist tätig war. 1945 wurde er Deutschlandkorrespondent für verschiedene Zeitungen in Skandinavien, für die er auch von den Nürnberger Prozessen berichtete.

1947 kehrte Brandt in seine Heimat zurück. Er erhielt wieder die deutsche Staatsbürgerschaft und führte nun Willy Brandt als amtlichen Namen. Ab 1949 saß er für die SPD im Deutschen Bundestag. 1957 wurde er zum Regierenden Bürgermeister von Berlin gewählt. Nach dem Briefwechsel mit Kennedy 1961 und dem Bau der Mauer entwickelte Willy Brandt gemeinsam mit Egon Bahr ein außenpolitisches Profil, das unter den Schlagworten der „Politik der kleinen Schritte" und als „Wandel durch Annäherung" bekannt wurde. Bei der Bundestagswahl 1961 gewann die SPD mit Brandt als Spitzenkandidat deutlich hinzu, es reichte jedoch nicht für eine Mehrheit.

Dieser Schuss schien für Brandt nach hinten losgegangen zu sein, die in der Bundesrepublik regierende CDU feixte. Nachdem die erste negative Reaktion durch die amerikanische Botschaft in Bonn die Runde gemacht hatte, war der Union klar: Daraus ließ sich Kapital schlagen. Der Wortlaut des vertraulichen Brandt-Schreibens wurde den Medien zugespielt. Konrad Adenauer, der bekannte, den Brief nicht komplett gelesen zu haben, weil er ihm „zu lang" gewesen sei, warf Willy Brandt „Instinktlosigkeit" vor.

Doch wer zuletzt lacht, lacht am besten. Zum selben Zeitpunkt, als Willy Brandt von der Veröffentlichung seines Briefs erfuhr, besprachen im Weißen Haus hochrangige Politiker die Situation in Berlin. Ein enger Berater Kennedys, der gerade aus der deutschen Metropole zurückgekehrt war, mahnte dringend an, es nicht zu einem Vertrauensverlust zwischen Deutschen und Amerikanern kommen zu lassen, der die Westmächte nachhaltig schwächen könnte. Der Präsident ließ sich umstimmen und antwortete am 18. August mit einem Brief an Brandt, dass er, wie vom Bürgermeister gefordert, die militärische Stärke der Westmächte und den Umfang der Garnisonen erhöhen werde. Noch am selben Tag wurde die zusätzliche Entsendung 1500 amerikanischer Soldaten nach Berlin beschlossen, außerdem schickte Kennedy seinen Stellvertreter, Lyndon B. Johnson, auf die weite Reise in die geteilte Stadt. Plötzlich sah es so aus, als hätte Willy Brandt ganz allein die Großmacht USA dazu gebracht, sich zu bewegen. Es kam noch besser für Brandt: Als Konrad Adenauer darum bat, den Vizepräsidenten bei seinem Besuch in Berlin begleiten zu dürfen, lehnte dieser ab. Als Johnson in Berlin eintraf, konnte Willy Brandt ungestört seinen Triumph feiern. Auch wenn die USA den Bau der Mauer nicht verhindern wollten und konnten, um keinen Krieg zu provozieren, landete der Berliner Bürgermeister mit seinem Brief einen großen politischen Coup. Die Beziehungen zu Kennedy hatten durch den Brief auch nicht gelitten. Zwei Jahre nach dem Mauerbau kam Kennedy in die geteilte Stadt und übte seine Rede mit dem Jahrhundertzitat „Ich bin ein Berliner" im Amtszimmer des Bürgermeisters ein.

Brandt durfte einige Jahre später dann hochoffiziell Außenpolitik machen, erst als Außenminister, dann als Kanzler der Bundesrepublik. Mit seiner Ostpolitik stellte Brandt die Weichen für eine Annäherung zwischen Ost und West und hatte damit einigen Anteil daran, dass Nikosia heute die „letzte geteilte Hauptstadt" ist.

1964 wurde Brandt Parteivorsitzender. Auch bei der Wahl 1965 konnte er keine Mehrheit gewinnen, wurde jedoch in der Großen Koalition 1966 Vizekanzler und Außenminister. Profil gewann er vor allem mit seiner Ostpolitik, die durch eine zunehmende Normalisierung der Beziehungen zu den Ostblockländern gekennzeichnet war.

Nach der Bundestagswahl 1969 wurde Willy Brandt Kanzler in einer sozialliberalen Koalition. In seiner Regierungserklärung formulierte er sein berühmt gewordenes Motto „Mehr Demokratie wagen". Auch als Bundeskanzler setzte Brandt seine Ostpolitik fort. Weltweite Anerkennung bescherte ihm 1970 sein Kniefall vor dem Ehrenmal des Warschauer Ghettos. Für seine Außenpolitik erhielt Brandt 1971 den Friedensnobelpreis. 1973 reiste er als erster deutscher Bundeskanzler nach Israel. Nachdem 1974 der Kanzleramtsreferent und enge Brandt-Berater Günter Guillaume als DDR-Spitzel enttarnt worden war, trat Willy Brandt als Bundeskanzler zurück. Ihm folgte Helmut Schmidt im Amt. Brandt blieb jedoch weiter Parteivorsitzender und widmete sich fortan vor allem außenpolitischen Aktivitäten. Er wurde 1976 Präsident der Sozialistischen Internationale (SI) und engagierte sich in den Folgejahren intensiv für eine Lösung des Nahostkonflikts sowie für eine Abrüstung der Supermächte. In den 1980er Jahren nahm die Kritik am Parteivorsitzenden innerhalb der SPD zu, nach einer umstrittenen Personalentscheidung trat Willy Brandt 1987 schließlich zurück. Brandts Ansehen als Staatsmann und Außenpolitiker blieb davon unberührt, bis zu seinem Tod war er außerdem Ehrenvorsitzender der SPD. Mit dem Fall der Mauer erlebte Brandt 1989 die Erfüllung eines seiner zentralen politischen Ziele. Er prägte den Satz „Jetzt wächst zusammen, was zusammengehört." Zu der teils kritischen Haltung einiger Sozialdemokraten zum Vollzug der Deutschen Einheit ging er deutlich auf Distanz. Am 8. Oktober 1992 starb Willy Brandt an den Folgen einer Krebserkrankung.

JOHN FITZGERALD KENNEDY wurde am 29. Mai 1917 in Brookline, Massachusetts, geboren. Er war das zweite von neun Kindern des Unternehmers Joseph P. Kennedy und seiner Ehefrau Rose, geborene Fitzgerald. Kennedys katholische Vorfahren waren zur Zeit der großen irischen Hungersnot Mitte des 19. Jahrhunderts in Massachusetts eingewandert. Bereits Kennedys Großväter waren in der US-Politik aktiv, so war John Francis „Honey Fitz" Fitzgerald Bürgermeister von Boston. John F. Kennedy studierte an Eliteuniversitäten und trat 1941 freiwillig in die US-Marine ein, in der er am Zweiten Weltkrieg, zuletzt als Kommandant eines Schnellbootes, teilnahm. Sein Schiff wurde 1943 in der Nähe der Salomonen-Inseln von einem japanischen Zerstörer versenkt. Kennedy gelang es, sich und einen Großteil der Mannschaft zu retten. Er wurde dafür hoch dekoriert. Kennedys älterer Bruder, Joseph Jr., hingegen fiel im Zweiten Weltkrieg. Nun lag es am Zweitgeborenen, die hochfliegenden Pläne der Eltern zu verwirklichen.

Kennedys politische Laufbahn begann 1946, als er für die Demokraten ins Repräsentantenhaus gewählt wurde. Im Wahlkampf wurde er vom Elternhaus mit beträchtlichen finanziellen Mitteln unterstützt. Seine Mehrheit hatte er aber den Stimmen von Wählern aus ärmeren Gegenden zu verdanken. Kennedy war ein Volkstribun. Als Senator vertrat er den Staat Massachusetts ab dem Jahr 1953. Sein Interesse galt der Außenpolitik und der Arbeitsgesetzgebung. Dabei machte er sich durch seinen Kampf gegen die Unterwanderung einzelner Gewerkschaften durch die Mafia einen Namen. Aber Kennedy ging es um mehr – es ging ums Weiße Haus. Im Sommer 1956 trat er erstmalig als Vizepräsidentschaftskandidat an, unterlag aber im parteiinternen Rennen seinen demokratischen Mitbewerbern. Die Präsidentschaftswahl von 1956 gewann anschließend der amtierende republikanische Präsident Dwight D. Eisenhower. 1960 kandidierte Kennedy erneut und setzte sich parteiintern gegen Lyndon B. Johnson durch. Unterstützt von seinem Bruder Robert, führte Kennedy einen in der amerikanischen Wahlgeschichte einmaligen Feldzug gegen den bisherigen Vizepräsidenten Nixon. Neu waren die aufsehenerregenden Fernsehduelle, in denen Kennedy Nixon alt aussehen ließ. Außerdem klebten die Demokraten Wahlplakate mit Nixons Konterfei und der Frage „Würden Sie von diesem Mann einen Gebrauchtwagen kaufen?". Dennoch war Kennedys Sieg hauchdünn: Er bekam nur 110 000 Wählerstimmen mehr als der Republikaner.

Yes, we can. Am 20. Januar 1961 wurde Kennedy als jüngster Präsident und erster Katholik in diesem Amt vereidigt. Seine Politik war die der „New Frontier": das Überschreiten neuer Grenzen (auch in der bemannten Raumfahrt), Bannung der Kriegsgefahr durch Entspannungspolitik in der Auseinandersetzung zwischen Ost und West, Verteidigung der Freiheit, Förderung demokratischer Systeme in aller Welt (durch großzügige Entwicklungshilfe). Innenpolitisch hob er die Mindestlöhne und die Arbeitslosenhilfe an und bekämpfte die Rassentrennung. So beorderte er 1962 Militäreinheiten an die University of Mississippi, damit sich der schwarze Student James Meredith dort ungehindert einschreiben konnte. Damit schuf er sich Feinde. Und beileibe nicht alles gelang. Die Landung von Exilkubanern 1961 in der Schweinebucht etwa wurde von Kennedy unterstützt, geriet aber zum militärischen und politischen Fiasko. Weitere Krisen folgten: Am 13. August 1961 errichtete das SED-Regime die Berliner Mauer. Im Oktober 1962 eskalierte die Kuba-Krise, bei der Kennedy durch seine Politik der Entschlossenheit den Abzug sowjetischer Raketen aus Kuba erzwang. In beiden Fällen stand die Welt vor einem Krieg.

Trotzdem sprechen Meinungsumfragen dafür, dass er 1964 vermutlich erneut Präsident geworden wäre. Am 22. November 1963 jedoch wurde John F. Kennedy in Dallas, Texas, Opfer eines Attentats. Lee Harvey Oswald, der mutmaßliche, aber nicht geständige Täter, wurde festgenommen und zwei Tage später vom Barbesitzer Jack Ruby, einer Randfigur der Mafia, erschossen. Oswald, ein verbitterter Wirrkopf, hatte einige Jahre in der Sowjetunion gelebt. Ob er wirklich ein Einzeltäter war? Verschwörungstheorien gibt es bis heute viele.

Der Generalbundesanwalt
beim Bundesgerichtshof
1 StE 1/74

Vfg.

1) Schreiben mit nachbezeichneten Anlagen

An den
Vorsitzenden
des 2. Strafsenats
des Oberlandesgerichts Stuttgart
Herrn Vorsitzenden Richter am OLG
Dr. P r i n z i n g

7 S t u t t g a r t

Per Eilboten

Betrifft: Strafsache gegen Andreas Baader u.a.
wegen Mordes, Vergehens nach § 129 StGB u.a.

Bezug: Schreiben vom 4. November 1974 - 2 ARs 61/74 -

Anlagen: 1 Schreiben des Rechtsanwalts Dr. Croissant vom 3. November 1974,
1 Antragsschreiben vom 3. November 1974 nebst Übersetzung,
1 Ablichtung des Beschlusses des BGH vom 13. Juli 1973 - 1 StB 31/73 -

Ich spreche mich mit Entschiedenheit dagegen aus, dem Schriftsteller Jean-Paul Sartre eine Erlaubnis zum Besuch des Angeschuldigten Baader zu erteilen.

Sartre will, wie er in seinem Gesuch vom 3. November 1974 ausführt, mit Baader die Konzeption der revolutionären Aktion, die sie tragende Ideologie und die wichtigsten Wirkungen erörtern. Was er darunter versteht, geht eindeutig aus einem Interview hervor, das in der Frankfurter Studentenzeitung "Diskus", Ausgabe Nr. 4 vom Juli 1974, veröffentlicht worden ist. In die-

- 2 -

SIEGFRIED BUBACK an das Oberlandesgericht Stuttgart

Der Generalbundesanwalt beim Bundesgerichtshof

An den
Vorsitzenden
des 2. Strafsenats
des Oberlandesgerichts Stuttgart
Herrn Vorsitzenden Richter am OLG
Dr. Prinzing
7 Stuttgart

Betrifft: *Strafsache gegen Andreas Baader u. a.*
wegen Mordes, Vergehens nach § 129 StGB u. a.
Bezug: *Schreiben vom 4. November 1974 – 2 ARs 61/74 –*
Anlagen: *1 Schreiben der Rechtsanwalts Dr. Croissant*
vom 3. November 1974,
1 Antragsschreiben vom 3. November 1974
nebst Übersetzung,
1 Ablichtung des Beschlusses des BGH
vom 13. Juli 1973 – 1 StB 31/73 –

Ich spreche mich mit Entschiedenheit dagegen aus, dem Schriftsteller Jean-Paul Sartre eine Erlaubnis zum Besuch des Angeschuldigten Baader zu erteilen.

Sartre will, wie er in seinem Gesuch vom 3. November 1974 ausführt, mit Baader die Konzeption der revolutionären Aktion, die sie tragende Ideologie und die wichtigsten Wirkungen erörtern. Was er darunter versteht, geht eindeutig aus einem Interview hervor, das in der Frankfurter Studentenzeitung „Diskus", Ausgabe Nr. 4 vom Juli 1974, veröffentlicht worden ist. In diesem Interview hat Sartre u. a. folgendes erklärt:

„Aber eine Revolution muß eine gewisse Anzahl von Menschen, die für sie eine Gefahr darstellen, loswerden, und ich sehe dafür keine andere Lösung, als sie zu töten ..."

„Das ist einer der Gründe, warum es mich zu den Marxisten zieht: Ich glaube an die Illegalität".

Daraus ist zu schließen, daß der offensichtlich von Rechtsanwalt Croissant zu seinem Gesuch veranlaßte Sartre für die kriminellen Ziele der Baader-Meinhof-Gruppe eingespannt und seine „philosophische Autorität" für den Kampf der RAF gegen die rechtsstaatliche Ordnung schamlos mißbraucht werden soll. Die zweifellos beabsichtigte publizistische Auswertung des Besuchs ist eine Unterstützung einer kriminellen Vereinigung im Sinne des § 129 StGB und deshalb strafbar. Dies schließt die Erteilung einer Besuchserlaubnis aus (vgl. hierzu den Beschluß des 3. Strafsenats des Bundesgerichtshofes vom 13. Juli 1973 – StB 31/73 –).

Darüber hinaus ist bei der Skrupellosigkeit der Bande zu befürchten, daß Sartre bei seinem Besuch in der Haftanstalt als Geisel genommen werden könnte. Baader hat längst solche Pläne für die Bande geschmiedet. Er wird, wenn es ihm opportun erscheint, den Besuch Sartres hierfür mißbrauchen, weil er der internationalen Resonanz sicher sein kann. In diesem Zusammenhang ist von Bedeutung, daß ausgerechnet der Anarchist Cohn-Bendit den Schriftsteller begleiten soll, obwohl genügend andere Dolmetscher zur Verfügung stehen. Cohn-Bendit hat, wie die „Frankfurter Rundschau" vom 14. November 1974 berichtet, in diesen Tagen die Linke aufgerufen, sich mit der RAF zu solidarisieren.

Daß Sartre als Gesinnungsgenosse präsentiert wird, steht einer Geiselnahme nicht entgegen. Der bewußt in Kauf genommene Hungertod von Holger Meins zeigt deutlich, daß die führenden Mitglieder der RAF nicht davor zurückschrecken, auch Gesinnungsgenossen zu opfern, sofern sie sich davon für ihre verbrecherischen Ziele Erfolg versprechen.
gez. Buback

Die RAF prägte die deutsche Geschichte in den 1970er und 1980er Jahren maßgeblich – und bis heute liefert sie den Stoff für immer neue Zeitungsartikel und Fernsehberichte, Bücher und Filme. Das Thema wird ausgiebig in Talkshows diskutiert. Selbst wenn viele Fakten heute bekannt sind, laufen noch immer polizeiliche Ermittlungen, die juristische Aufarbeitung ist längst nicht abgeschlossen. Nicht nur die Gerichte, auch die Kinder, von Opfern und Tätern gleichermaßen, drängen auf Aufklärung der Geschehnisse. Zu den Kindern der Opfer zählt Michael Buback. Sein Vater, der Generalbundesanwalt Siegfried Buback, starb 1977 durch Schüsse, die von einem

SIEGFRIED BUBACK wurde am 3. Januar 1920 in Wilsdruff geboren. Er absolvierte ein Jurastudium in Leipzig. Nachdem er das Erste Staatsexamen abgelegt hatte, wurde er zur Wehrmacht eingezogen. Ab 1940 war er Mitglied der NSDAP. Siegfried Buback kam 1947 aus der Kriegsgefangenschaft zurück. Nach dem Abschluss der Zweiten Juristischen Staatsprüfung 1950 begann er seinen beruflichen Werdegang als Assessor in Niedersachsen. 1952 wurde er zum Gerichtsassessor ernannt, ab 1953 war er Staatsanwalt. Siegfried Buback wurde 1959 zum Ersten Staatsanwalt ernannt und gehörte nun der Bundesanwaltschaft beim Bundesgerichtshof an. Er arbeitete überwiegend im Bereich Landesverrat, bis 1971 als Oberstaatsanwalt, anschließend als Bundesanwalt. Seinen ersten großen Fall hatte Siegfried Buback 1962 mit der „Spiegel-Affäre", bei der er u. a. gegen den „Spiegel"-Herausgeber Rudolf Augstein wegen Landesverrats

Motorrad aus auf ihn und seine Begleiter in seinem Dienstwagen abgegeben wurden. Wer aus den Reihen der RAF-Terroristen das Motorrad steuerte und wer der Todesschütze war, ist bis heute nicht geklärt. Seit 2007 wird, auch dank der neuen Möglichkeiten der DNA-Spurenauswertung, gegen weitere Verdächtige ermittelt.

Angefangen hatte alles relativ harmlos. Am 2. April 1968 wurden in Frankfurt am Main nach Geschäftsschluss zwei Kaufhäuser in Brand gesteckt. Tatwerkzeug waren selbst gebastelte Brandbomben mit Zeitzündern. Die Polizei bekam einen Tipp und nahm daraufhin vier Verdächtige fest: die Studentin Gudrun Ensslin, ihren Freund Andreas Baader (ein Bohemien, der sich zuvor als Kleinkrimineller, Gelegenheitsarbeiter, Fotomodell für ein Schwulenmagazin und erfolgloser Boulevardjournalist versucht hatte) sowie die APO-Aktivisten Thorwald Proll und Horst Söhnlein. Die vier zeigten sich geständig und gaben an, mit der Brandstiftung „gegen den Völkermord in Vietnam" protestieren zu wollen. Ihre Aktion und den anschließenden Prozess begriffen die vier Delinquenten als „politisches Happening". Vor Gericht präsentierten sie sich übertrieben gut gelaunt und steckten sich – die Bilder davon sind berühmt geworden – mit einem breiten Grinsen im Gesicht im Gerichtssaal dicke Zigarren an.

Als Prozessbeobachterin trat die linke Journalistin und Autorin Ulrike Meinhof auf. Das Gericht verurteilte die Angeklagten zu jeweils drei Jahren Zuchthaus. Nachdem die Anwälte eine Revision des Urteils beantragt hatten, wurden die Haftstrafen der vier während der Prüfung ausgesetzt. Andreas Baader und Gudrun Ensslin nutzten diese Gelegenheit, um abzutauchen. Allerdings wurde Baader schon im April 1970 wieder gefasst und in das Gefängnis Berlin-Tegel überstellt. Am 14. Mai 1970, den die RAF später als ihren Geburtstag ausgab, wurde Baader mit Waffengewalt befreit, Meinhof ging mit ihm in den Untergrund.

Die Gruppe, die anfangs auf Sachbeschädigungen und Aktionen mit Symbolcharakter gesetzt hatte,

ermittelte. Nach vielen weiteren aufsehenerregenden Fällen wurde er auch mit der Fahndung nach den Anführern der ersten Generation von RAF-Mitgliedern betraut sowie mit Ermittlungen im Umfeld der RAF, gegen Sympathisanten und Mittelsmänner.

Am 31. Mai 1974 wurde Siegfried Buback zum Generalbundesanwalt befördert. In dieser Funktion ermittelte er in der Guillaume-Affäre, wegen der Willy Brandt zurückgetreten war. Die Ermittlungen gegen die RAF waren für Buback eine zentrale Aufgabe. Weil er damit zu einem Ziel für die RAF wurde, gehörte er zum Kreis der meistgefährdeten Personen. Obwohl er sich dieses Risikos bewusst war, verzichtete Siegfried Buback auf verstärkten Personenschutz und gepanzerte Fahrzeuge.

Am 7. April 1977 wurde Siegfried Buback gemeinsam mit seinem Fahrer und einem Justizbeamten in seinem Dienstwagen erschossen. Die Täter konnten entkommen, bis heute ist unklar, wer geschossen hat. Bei dem Staatsbegräbnis am 13. April hielt Bundeskanzler Helmut Schmidt die Grabrede auf Siegfried Buback.

JEAN-PAUL SARTRE kam am 21. Juni 1905 in Paris zur Welt. Sein Vater starb, als er 15 Monate alt war. Er legte 1922 das Abitur ab und kam nach einem Vorbereitungsjahr 1924 auf die Eliteschule École Normale Supérieure. Dort besuchte Sartre unter anderem Kurse in Philosophie und Soziologie und lernte Simone de Beauvoir kennen, mit der er zeit seines Lebens in einer offenen Beziehung verbunden war.

Bis 1931 leistete Sartre seinen Militärdienst ab, anschließend trat er eine Stelle als Philosophielehrer in Le Havre an. 1934 erhielt er ein Stipendium des Institut Français in Berlin, wo er deutsche Philosophen studierte. Nebenher schrieb Sartre Gedichte, begann Romane und Skizzen für Theaterstücke. Im Herbst 1934 kehrte er nach Frankreich zurück. 1938 erhielt er mit dem Roman „Der Ekel" literarische Anerkennung. Seine Arbeit wurde durch den Zweiten Weltkrieg unterbrochen, in dem Sartre als Sanitäter eingesetzt wurde. 1940 geriet er in deutsche Gefangenschaft, wurde aber bereits 1941 wieder entlassen. Nach seiner Rückkehr arbeitete er als Lehrer in Paris und war in der Widerstandsbewegung aktiv. 1942 feierte sein Theaterstück „Die Fliegen" in Paris Premiere, 1943 veröffentlichte Sartre sein erstes philosophisches Hauptwerk, „Das Sein und das Nichts". Er legte damit den Grundstein für den atheistischen Existenzialismus und erregte viel Aufsehen – auch beim Vatikan, der Sartres Werke 1948 indizierte, um den Gläubigen „gefährliche Zweifel" zu ersparen.

Der zunehmende Erfolg seiner Publikationen versetzte Sartre 1945 in die Lage, den Lehrberuf aufzugeben. Nach

dem Krieg entwickelte er sich zum Kommunisten. Zwar trat er 1956 nach nur vier Jahren wieder aus der Kommunistischen Partei aus, seine Anerkennung des marxistisch-leninistischen Weltbilds behielt er jedoch bei. Das ging auch aus seinem zweiten philosophischen Hauptwerk, „Kritik der dialektischen Vernunft", hervor, dessen erster Band 1960 erschien und in dem Sartre unter anderem die Bedeutung des politischen Terrorismus als Kraft zur Veränderung der gesellschaftlichen Verhältnisse hervorhob.

1964 sollte Sartre der Literaturnobelpreis verliehen werden, den er jedoch ablehnte. In den wilden Monaten der Studentenunruhen 1968 hielt er an der Sorbonne eine Rede vor revoltierenden Studenten, in der es um den Zusammenhang von Sozialismus und Freiheit ging. Während der 1970er Jahre war Sartre als Chefredakteur verschiedener linker Zeitschriften tätig.

Eine seiner letzten Aktivitäten war die Teilnahme an einer Pressekonferenz 1979 zugunsten der „Boatpeople" genannten vietnamesischen Flüchtlinge. Sartre starb am 15. April 1980 mit 74 Jahren in Paris. An seiner Beerdigung nahmen Zehntausende Menschen teil.

radikalisierte sich nun in rasender Geschwindigkeit. Jede Hemmschwelle fiel. Oder, wie Ulrike Meinhof es in einem Tonbandinterview, das später im Nachrichtenmagazin „Der Spiegel" abgedruckt wurde, ausdrückte:

„ [...] wir sagen, natürlich, die Bullen sind Schweine, wir sagen, der Typ in der Uniform ist ein Schwein, das ist kein Mensch, und so haben wir uns mit ihm auseinanderzusetzen. Das heißt, wir haben nicht mit ihm zu reden, und es ist falsch, überhaupt mit diesen Leuten zu reden, und natürlich kann geschossen werden."

Geschossen wurde daraufhin viel. Es folgten Banküberfälle, um Geld zu beschaffen, danach verübte die RAF Brand- und Sprengstoffanschläge gegen Einrichtungen der US-Armee und des Springer-Konzerns. Dabei kamen vier Menschen zu Tode. Ein Ende nahm die Anschlagserie im Juni 1972, als Andreas Baader, Ulrike Meinhof, Gudrun Ensslin und Jan-Carl Raspe festgenommen werden konnten.

Siegfried Buback war als oberster Ankläger der Bundesrepublik Deutschland zuständig für die Verfolgung und Ahndung der RAF-Verbrechen. Sein wichtigstes Ziel war es, den Staatsfeinden Einhalt zu gebieten. 1974 war für viele die Arbeit getan, schließlich saßen die wichtigsten Akteure der ersten RAF-Generation ein. Dennoch warnte Buback davor, die Gefährlichkeit und die Risikobereitschaft der Terroristen zu unterschätzen. Ein Beleg dafür ist dieser Brief ans Oberlandesgericht Stuttgart, der erst seit 2007 bekannt ist.

Der Hintergrund: 1974 beantragte der bekannte französische Schriftsteller und Philosoph Jean-Paul Sartre die Erlaubnis, den RAF-Terroristen Andreas Baader in der JVA Stammheim besuchen und befragen zu dürfen. Das zuständige Oberlandesgericht Stuttgart steckte offenbar in einer Zwickmühle. Würde der Besuch erlaubt, könnte die RAF die Reputation eines führenden Intellektuellen seiner Zeit für sich nutzen. Umgekehrt wäre eine Ablehnung des Gesuchs für die inhaftierten RAF-Mitglieder und ihre Unterstützer eine willkommene Gelegenheit gewesen, sich einmal mehr über den repressiven

ANDREAS BAADER kam am 6. Mai 1943 in München zur Welt. Er wuchs in einem Frauenhaushalt auf, sein Vater, ein Historiker, war im Zweiten Weltkrieg verschollen. Als Baader 1963 nach Berlin zog, hatte er bereits einige Vorstrafen gesammelt, die zumeist mit seiner Vorliebe für schnelle Autos und dem Fahren ohne Führerschein zusammenhingen. Seinen Lebensunterhalt in Berlin bestritt Baader mit Gelegenheitsjobs. 1967 lernte er Gudrun Ensslin kennen. Gemeinsam mit ihr, Thorwald Proll und Horst Söhnlein setzte Baader zwei Frankfurter Kaufhäuser in Brand. Das Quartett wurde schnell gefasst und zu Haftstrafen von je drei Jahren verurteilt. Bei einer Haftaussetzung aufgrund eines Revisionsantrags flohen Baader und Ensslin ins Ausland. Baader kehrte jedoch im April 1970 in die Bundesrepublik zurück. Dabei wurde er eher zufällig aufgegriffen und erneut in Haft genommen, aus der er gewaltsam befreit wurde. Baader ging mit seinen Befreiern in den Untergrund, kurze Zeit später setzte er sich mit Ulrike Meinhof, Gudrun Ensslin und Horst Mahler nach Jordanien ab, um sich dort von Guerilla-Kämpfern militärisch ausbilden zu lassen. Aufgrund menschlicher und politischer Differenzen brachen er und seine Gruppe die Ausbildung vorzeitig ab und kehrten nach Deutschland zurück. Mit mehreren Banküberfällen verschafften sich die Terroristen in den Folgejahren die Mittel für Wohnungen, falsche Ausweisdokumente, Autos, Waffen. Baader stand stets im Zentrum der RAF. Er galt als eitel und selbstgerecht, Zeitzeugen berichten von seiner aufdringlichen Art und seinem Hang zur Aggression.

1972 verübte die Gruppe Anschläge auf US-Standorte und ein Gebäude des Springer-Verlags in Hamburg. Die Bekennerschreiben waren vom „Kommando der Roten Armee Fraktion (RAF)" unterzeichnet. Bald war Baader einer der meistgesuchten Terroristen Deutschlands. Im Juni 1972 wurden die führenden Figuren der RAF, darunter Andreas Baader, Gudrun Ensslin, Ulrike Meinhof und Jan-Carl Raspe, festgenommen. Nach einem mehrjährigen Prozess wurden Baader, Ensslin und Raspe am 28. April 1977 zu lebenslangen Haftstrafen verurteilt. Nach der Erstürmung der „Landshut" in Mogadischu durch die GSG 9 am 18. Oktober 1977 wurden in der JVA Stuttgart-Stammheim die Leichen von Andreas Baader, Jan-Carl Raspe und Gudrun Ensslin gefunden – Baader und Raspe hatten sich nach Lage der Ermittlungen erschossen, Ensslin hatte sich erhängt.

Staat auszulassen – und neue Sympathisanten zu gewinnen. Das Gericht ließ sich deshalb Zeit mit der Entscheidung und bat zunächst den renommierten Juristen und Generalbundesanwalt um eine Einschätzung.

Siegfried Buback äußerte seine Meinung in seinem Antwortschreiben unmissverständlich. Er hielt es für falsch, Sartre die Besuchserlaubnis zu erteilen. Er führte verschiedene Gründe an: Juristisch argumentierte er mit der befürchteten propagandistischen Verwertung der Gefängnisgespräche durch Sartre. Er sah darin den Straftatbestand der Unterstützung einer kriminellen Vereinigung erfüllt. Politisch warnte Buback vor der Signalwirkung einer öffentlichen Solidarisierung des anerkannten Denkers mit dem Terroristen Andreas Baader. Außerdem sprach sich Siegfried Buback auch unter Sicherheitsaspekten gegen die Besuchsgenehmigung aus. Es sei nicht auszuschließen, dass Sartre von der RAF als Geisel genommen würde. Buback ging davon aus, dass selbst ein Sympathisant wie Sartre nicht sicher war – noch dazu, wenn er von dem „Anarchisten" Daniel Cohn-Bendit als Dolmetscher begleitet würde. Buback betrachtete den heutigen Grünen-Politiker Cohn-Bendit durch seine Nähe zur radikalen Linken ebenfalls als Sicherheitsrisiko.

Trotz Bubacks deutlicher Warnungen erteilte das Oberlandesgericht die Besuchserlaubnis. Die Würde des Menschen ist unantastbar, auch ein politischer Häftling, selbst wenn er gefährlich ist, hat grundsätzlich ein Recht auf Besuch. Außerdem regte sich außerhalb der Gefängnismauern bereits lautstarker Widerstand gegen die Haftbedingungen der Gefangenen, die sich in Isolationshaft befanden und so gut wie keine sozialen Kontakte hatten. Die Gefahr bestand, dass sich immer mehr Menschen mit den Häftlingen solidarisierten. Das Gericht konnte die Besuchserlaubnis aus verfassungsrechtlichen wie aus taktischen Gründen kaum verweigern. Jean-Paul Sartres Besuch fand am 4. Dezember 1974 statt.

Eine Geiselnahme gab es nicht, doch konnte die RAF auch keinen richtigen PR-Coup landen. Der Philosoph fiel nach seinem Besuch durch krude Äußerungen auf und prangerte Missstände an, die es so nie gegeben hatte. Die Vorwürfe zu entkräften fiel nicht schwer. Für die Unterstützer der Terroristen war das Treffen eher eine öffentliche Blamage. Waren Siegfried Bubacks Warnungen daher überzogen? In einem täuschte er sich nicht: Die inhaftierten Terroristen der ersten RAF-Generation blieben auch hinter Gittern gefährlich. Und draußen war mittlerweile eine zweite, noch gefährlichere RAF-Generation herangewachsen, die darauf sann, Rache zu nehmen und ihre inhaftierten Gesinnungsgenossen zu befreien. Noch verhielt sich diese zweite Generation ruhig, aber 1977 eskalierte die Gewalt.

Als Reaktion auf den Stammheim-Prozess gegen Andreas Baader, Gudrun Ensslin und Jan-Carl Raspe (Ulrike Meinhof erhängte sich am 9. Mai 1976, ein Jahr nach Prozessbeginn, in der Haft in Stuttgart-Stammheim, Holger Meins war bereits am 9. November 1974 an den Folgen eines Hungerstreiks gestorben) und auf die sich abzeichnende Urteilsverkündung verübte die RAF am 7. April 1977 das tödliche Attentat auf Siegfried Buback. Drei Wochen später, am 28. April, wurden Baader, Ensslin und Raspe zu lebenslanger Haft verurteilt. Wiederum zwei Monate später, am 30. Juli, erschoss die Terrorgruppe Jürgen Ponto, den Vorstandsvorsitzenden der Dresdner Bank. Danach kam das, was als der „Deutsche Herbst" bekannt wurde – mithin die schwerste Krise in der Geschichte der Bundesrepublik Deutschland, in der sich der Staat am Abgrund wähnte.

Am 5. September 1977 entführte ein RAF-Kommando den Arbeitgeberpräsidenten Hanns Martin Schleyer, in der Absicht, die in Stammheim einsitzenden Terroristen freizupressen. Der deutsche Staat blieb während der quälend langen Wochen seiner Gefangenschaft hart. Mit der Entführung der Lufthansa-Maschine „Landshut" am 13. Oktober durch ein verbündetes palästinensisches Terrorkommando versuchte die RAF, den Druck auf die deutsche Regierung zu erhöhen. Als die Maschine am 18. Oktober in Mogadischu durch die GSG 9 erstürmt und die 86 Geiseln unverletzt befreit wurden, begingen die in Stuttgart-Stammheim inhaftierten Andreas Baader, Gudrun Ensslin und Jan-Carl Raspe Selbstmord. Noch am selben Tag erschoss die RAF den entführten Hanns Martin Schleyer. Ihre Kompromisslosigkeit, die Siegfried Buback bereits 1974 angeführt hatte, stellte die RAF in dieser Zeit auf grausame Weise unter Beweis.

Nachzulesen ist die Geschichte der RAF in Büchern und unendlich vielen Artikeln. Auch Originaldokumente wie Prozessakten und Tonbandaufzeichnungen der Prozesse sind heute zugänglich, dazu persönliche Briefe der RAF-Mitglieder, von Unterstützern und Ermittlern. Trotz dieser Materialfülle, trotz vieler kluger Auswertungen und Einlassungen: Die fassbare Erklärung, warum vor etwas über 40 Jahren hochintelligente Menschen damit anfingen, gezielt und geplant andere Menschen zu ermorden – eine solche Erklärung fehlt bis heute.

17

8

GENERALSEKRETÄR

DES ZENTRALKOMITEES DER SOZIALISTISCHEN EINHEITSPARTEI DEUTSCHLANDS

UND

VORSITZENDER

DES STAATSRATES DER DEUTSCHEN DEMOKRATISCHEN REPUBLIK

Herrn
Udo Lindenberg

2000 Hamburg 13

Lieber Udo Lindenberg!

Mit der Übersendung der Lederjacke haben Sie mir eine Überraschung bereitet, für die ich Ihnen danke. Natürlich ist das Äußere Geschmackssache, aber was die Jacke selbst betrifft: sie paßt.

Wenn ich es recht verstehe, ist sie ein Symbol rockiger Musik für ein sinnvolles Leben der Jugend ohne Krieg und Kriegsgefahr, ohne Ausbildungsmisere und Arbeitslosigkeit, ohne Antikommunismus, Neofaschismus und Ausländerfeindlichkeit. Und wenn ich Ihre künstlerischen Absichten nicht mißverstehe, so richten sie sich im starken Maße gegen Raketenwälder und SDI und plädieren für ein atomwaffenfreies Jahr 2000, für eine Koalition der Vernunft sowie die Einsicht, daß von deutschem Boden nie wieder Krieg, sondern nur noch Frieden ausgehen darf. Dieser Auffassung sind wir auch, und die Rockmusiker der DDR teilen in ihrer Aktion "Rock für den Frieden" sowie bei vielen Auftritten hier und in aller Welt dieses politische und künstlerische Anliegen.

Sie wissen ja aus eigenem Erleben, daß die DDR ein sehr jugend- und deshalb auch sehr rockfreundliches Land ist, und das nicht erst seit heute.

Briefwechsel zwischen ERICH HONECKER und UDO LINDENBERG

Lieber Udo Lindenberg!
Mit der Übersendung der Lederjacke haben Sie mir eine Überraschung bereitet, für die ich Ihnen danke. Natürlich ist das Äußere Geschmackssache, aber was die Jacke selbst betrifft: sie paßt.

Wenn ich es recht verstehe, ist sie ein Symbol rockiger Musik für ein sinnvolles Leben der Jugend ohne Krieg und Kriegsgefahr, ohne Ausbildungsmisere und Arbeitslosigkeit, ohne Antikommunismus, Neofaschismus und Ausländerfeindlichkeit. Und wenn ich Ihre künstlerischen Absichten nicht mißverstehe, so richten sie sich im starken Maße gegen Raketenwälder und SDI und plädieren für ein atomwaffenfreies Jahr 2000, für eine Koalition der Vernunft sowie die Einsicht, daß von deutschem Boden nie wieder Krieg, sondern nur noch Frieden ausgehen darf. Dieser Auffassung sind wir auch, und die Rockmusiker der DDR teilen in ihrer Aktion „Rock für den Frieden" sowie bei vielen Auftritten hier und in aller Welt dieses politische und künstlerische Anliegen.

Sie wissen ja aus eigenem Erleben, daß die DDR ein sehr jugend- und deshalb auch sehr rockfreundliches Land ist, und das nicht erst seit heute.

Als guter Kenner dieser Szene ist Ihnen sicher nicht unbekannt, daß bei uns 110 professionelle Rockbands und über 2000 Amateur-Rockgruppen existieren. Sie spielen Woche für Woche vor Millionen Fans. Zu diesen Auftritten kommen zahlreiche Gastspiele ausländischer Gruppen. Wie sollte man angesichts dieser Tatsachen nicht unumwunden sagen: Ja, die Jacke paßt. So erweist sich wieder einmal: Meldungen westlicher Medien über die DDR sind das eine und die Realitäten in unserem Land das andere.

Die mir zugedachte Lederjacke werde ich dem Zentralrat der FDJ übergeben. Die Freunde finden sicher einen Weg, sie einem Rockfan zukommen zu lassen – vielleicht sogar über eine Solidaritätsauktion zugunsten der antiimperialistischen Solidarität. Ich bin sicher, daß das Ihre Zustimmung findet.

Nochmals herzlichen Dank. Für Ihre Arbeit wünsche ich Ihnen Erfolg und gutes Gelingen.

Übrigens, da Sie gelegentlich auf meine musikalische Vergangenheit zu sprechen kommen, schicke ich Ihnen eine Schalmei. Viel Spaß beim Üben.

Mit freundlichem Gruß

E. Honecker
Berlin, 19. Juni 1987

15

HOTEL
INTER•CONTINENTAL
BERLIN

Budapester Straße 2 · D-1 Berlin 30 Tel.: 030-26020 · Telex: 182894

23.6.87

Lieber Erich Honecker,

♡lichen Dank für Ihren Brief
und die tolle Schalmei.
Ich freue mich sehr und werde auf
meiner nächsten LP als Gruß an Sie
ein paar Töne auf diesem wunderbaren
Instrument spielen.
Die Auktionsidee mit der Lederjacke find
ich absolut gut. Eine ordentliche Rock'n'Roll-
Jacke hab ich sowieso jederzeit parat.
Ich hoffe sooooooooo sehr, daß wir irgendwann
gemeinsam ein Rock-Konzert mit der Nachtigall
in der DDR erleben können.

Alles Gute,
Frieden, Freundschaft u. Abrüstung
Ihr Udo Lindenberg

Hotelbau-Gesellschaft Budapester Straße mit beschränkter Haftung Handelsregister Abt. B Nr. 4066, Amtsgericht Berlin-Charlottenburg
Geschäftsführer Maria Leitl, Dipl.-Kfm. Armin Seltsam, Dipl.-Kfm. Karlheinz Wunderlich

Briefwechsel zwischen ERICH HONECKER und UDO LINDENBERG

23.6.1987

Lieber Erich Honecker,

herzlichen Dank für Ihren Brief und die tolle Schalmei.
Ich freue mich sehr und werde auf meiner nächsten LP als Gruß an Sie ein paar Töne auf diesem wunderbaren Instrument spielen.
Die Auktionsidee mit der Lederjacke find ich absolut gut. Eine ordentliche Rock 'n' Roll-Jacke hab ich sowieso jederzeit parat.
Ich hoffe soooooooo sehr, daß wir irgendwann gemeinsam ein Rock-Konzert mit der Nachtigall in der DDR erleben können.
Alles Gute, Frieden, Freundschaft u. Abrüstung

Ihr
Udo Lindenberg

1972 erschien Udo Lindenbergs LP „Daumen im Wind". Auf der Rückseite des Plattencovers steht: „Es geht also doch. Es ist also doch möglich, Rockmusik nicht nur in Deutschland zu spielen, sondern ihre Texte auch in deutscher Sprache zu singen. 'S ist Udo, der's möglich macht. Natürlich ist es schon vorher immer wieder gefordert und manchmal auch versucht worden, aber entweder haben sich die Musikanten nicht in die Nähe des heißen Eisens getraut, weil sie fürchteten, ihr Publikum, ganz auf die englische Muttersprache dieser Musik eingeschworen, könne sie im Stich lassen. Oder aber sie haben sich an diesem heißen Eisen die Pfoten verbrannt, wie sie sich auf ach so deutsche Art nur für das ‚Anliegen' und für die ‚Aussage' ihrer Lieder stark gemacht haben, unausgesetzt sämtliche Rätsel dieser Welt und der Gesellschaft lösen wollen und dabei sprachlich weit über ihre Verhältnisse leben."

Das war nur der erste Absatz, dem vier weitere folgten. So viel erklärender Text hatte seinerzeit auf der Rückseite eines Plattencovers Platz. Und so elaboriert (und auch etwas bemüht und aufgeblasen) kam Jugendsprache 1972 daher. Aber es stimmt durchaus, was der Text erzählt. „'S ist Udo, der's möglich macht." Vor Lindenberg gab es englischsprachige Rockmusik. Auch die „Krautrocker" sangen Englisch – oder gar nicht, weil sie sich in zwanzigminütigen Gitarrensoli verloren. Allein die Bandnamen „Faust", „Hoelderlin", „Novalis" oder „Wallenstein" zeigen an, wie bildungsbürgerlich deutscher Rock damals war. Anders Lindenberg. Udo kam von der Straße, Udo war der erste deutsche Klartextrocker. Seine Band hieß nicht wie ein deutscher Klassiker. Seine Band war das „Panikorchester".

1973 brachte Udo Lindenberg mit dem „Panikorchester" die Langspielplatte „Alles klar auf der Andrea Doria" heraus. Darauf sind, neben dem bekannten Titelkracher, wunderbare Lieder. Das fabelhafte „Cello" als Reminiszenz an eine Jugendliebe etwa. Und dann gibt es noch das Stück „Wir wollen einfach nur zusammen sein".

Briefwechsel zwischen ERICH HONECKER und UDO LINDENBERG

Darin heißt es:

Stell dir vor, du kommst nach Ostberlin
Und da triffst du ein ganz heißes Mädchen
So ein ganz heißes Mädchen aus Pankow
Und du findest sie sehr bedeutend
Und sie dich auch

Seine deutsch-deutsche Romanze schrieb Udo Lindenberg in einem Ton, wie man diese Geschichte auch seinen Kumpels erzählen würde. „Stell dir vor, du kommst nach Ostberlin". Das ist Alltagssprache, Klartext, nix mit Ideologie. Udo Lindenberg ist Jahrgang 1946. Als er das Lied schrieb, war er 26 Jahre alt. Als die Mauer gebaut wurde, war er 15. Er hatte also eigene Erinnerungen daran, dass Berlin in der Nachkriegszeit eine zwar von den Siegermächten aufgeteilte Stadt war, eine Frontstadt zwischen den Machtblöcken des Kalten Krieges, aber eben nicht durch eine Mauer getrennt. Sein junges Publikum im Westen hatte diese Erinnerungen nicht. Für viele junge Menschen im Osten war die Bundesrepublik ein Sehnsuchtsland. Für viele junge Menschen im Westen war die DDR weit, weit weg. Und dann singt auf einmal Udo, dass man mit einem heißen Mädchen aus Pankow von einem Rockfestival auf dem Alexanderplatz träumen kann, „mit den Rolling Stones und 'ner Band aus Moskau" - und dass der junge Mann nur einen Tagesschein hat und um Mitternacht wieder drüben sein muss. „Sonst gibt's die größten Nervereien." Man braucht kein sperriges Wort wie Unrechtsregime. Nervereien reicht.

Das also kann Pop, wenn er gut gemacht ist. In wenigen Zeilen die Dinge klar benennen und aus der Versenkung holen.

Udo Lindenberg benannte 1973 die Dinge im Osten. Überhaupt war 1973 ein wichtiges Jahr, in dem die bis heute reichende Künstlerlaufbahn Lindenbergs richtig in Gang kam. Schenkt man der „Bild"-Zeitung Glauben, schrieb Lindenberg in diesem Jahr 1973, auf den Tag

UDO LINDENBERG kam am 17. Mai 1946 in Gronau/Westfalen zur Welt. Nach der mittleren Reife begann er 1962 eine Ausbildung in der Gastronomie, brach diese aber ab und zog in den folgenden Jahren durch die Welt. Er studierte einige Semester an der Musikhochschule in Münster. Im Anschluss war er Musiker in verschiedenen Bands und arbeitete unter anderem als Schlagzeuger mit dem Jazzmusiker Klaus Doldinger zusammen. Mit ihm spielte er die „Tatort"-Melodie ein, die bis 1978 ausgestrahlt wurde. 1969 gründete Lindenberg seine erste Band, „Free Orbit". Mit seinem „Panikorchester" veröffentlichte Lindenberg 1973 das Album „Alles klar auf der Andrea Doria", das ihm zum Durchbruch verhalf. Schon damals, und mehr noch ab den 1980er Jahren, waren Lindenbergs Texte politisch. Und seine Kunst wurde immer vielfältiger: Neben weiteren Alben drehte Lindenberg Filme, ging auf ausgedehnte Tourneen und widmete sich in den 1990er Jahren dem Zeichnen und Malen. Zu einer Schau seiner Werke in Weimar erschien bei teNeues 1999 der Band „Der Pakt. Vom Leben gezeichnet". Im Jahr 2008 erschien mit „Stark wie Zwei" die vorerst letzte Lindenberg-Platte, die es als erste an die Spitze der Album-Charts schaffte. Seit 2011 läuft in Berlin das Lindenberg-Musical „Hinterm Horizont" mit Hits des Musikers und Texten des Schriftstellers Thomas Brussig. Udo Lindenberg wohnt in Hamburg im Hotel Atlantic.

ERICH HONECKER wurde am 25. August 1912 als Sohn eines Bergmanns in Neunkirchen/Saar geboren. Nach der Volksschule begann er eine Dachdeckerlehre, brach diese jedoch ab. Ab 1931 war er hauptamtlich in verschiedenen Funktionen für den „Kommunistischen Jugendverband Deutschlands" tätig, ab 1933 im Untergrund. Er bereiste unter verschiedenen Pseudonymen Nachbarländer, um an antifaschistischen Treffen teilzunehmen. 1935 wurde er von der Gestapo verhaftet und 1937 wegen Vorbereitung zum Hochverrat zu zehn Jahren Zuchthaus verurteilt.
Bis 1945 war Honecker inhaftiert, nach der Befreiung durch die Rote Armee arbeitete er am Aufbau der „Freien Deutschen Jugend" mit und war von 1946 bis 1955 deren Vorsitzender. Seine weitere Karriere verlief stetig: Ab 1946 Mitglied im SED-Parteivorstand, 1958 Vollmitglied des Politbüros und Sekretär des ZK für Sicherheitsfragen. 1971 wurde Honecker Nachfolger des Ersten ZK-Sekretärs Walter Ulbricht und kurz darauf Vorsitzender des Nationalen Verteidigungsrates. Im Jahr 1976 wurde Honecker schließlich Staatsratsvorsitzender und damit Staatsoberhaupt der DDR. Im September 1987 reiste er zum ersten Mal in die BRD. Gut zwei Jahre später war Honeckers Karriere vorbei: Am 18. Oktober 1989 musste er von allen Ämtern zurücktreten, kurze Zeit später war die DDR am Ende. Als am

genau am 13. August, sogar einen Masterplan seiner Karriere nieder. Der lautet wie folgt:

1. Henna in die Haare
2. Listen to David Bowie
3. DU BIST BI-SEXUELL (INTERVIEWS)
4. Nie nüchtern auf die Bühne (ab 1,2 Promille, check Band, Röhrchen blasen, von Polizei besorgen)
5. Hut? ScotlandYardMütze?
7. Saturn abfragen? Platzierung
8. DDR kümmern, Bild-Zeitung geschmeidig
9. BANDNAME PANIK ORCHESTER
10. CHART-CHECK Musik-Markt SWR3
(? Connections
WDR 1 Live
NDR Schmiergeld?

Die Nummer 6 auf der Liste ging offenbar verloren, außerdem gab es die Sender SWR3 und 1Live im Jahr 1973 noch gar nicht. Höchstwahrscheinlich ist die ganze Liste ein Fake. Mit Ausnahme von Punkt 8, der war wahr. Lindenberg kümmerte sich um die DDR, und zwar mehr, als es dem Arbeiter- und Bauernstaat lieb war. Ein Jahrzehnt lang mühte er sich darum, im Osten und dort am besten gleich im Palast der Republik auftreten zu können. Lindenberg schrieb Briefe und appellierte in Interviews an die DDR-Führung. Ergebnis: Null. „Auftritt in der DDR kommt nicht in Frage" – beschied beispielsweise der Chefideologe der SED, Kurt Hager, in einer handschriftlichen Notiz. Lindenberg gab nicht auf. Und vor allem: Er gab nicht klein bei. Keine diplomatischen Winkelzüge, keine Selbstzensur. Lindenberg blieb in der Korrespondenz mit den DDR-Oberen bei seiner schnoddrigen, direkten Art. Der Künstler Udo Lindenberg ging den Staatsratsvorsitzenden Erich Honecker sogar direkt an. Mit dem Instrument, das ein Musiker am besten beherrscht: mit einem Lied. Und mit einer ganz besonderen Waffe: der Ironie.

30. November 1990 ein Haftbefehl wegen des Tatverdachts des gemeinschaftlichen Totschlags gegen ihn erging, floh Honecker mit seiner Frau Margot nach Moskau und erhielt dort Asyl in der chilenischen Botschaft. 1992 wurde er jedoch nach Deutschland ausgeliefert, seine Frau Margot reiste nach Chile, wo die gemeinsame Tochter Sonja lebte. Das Verfahren gegen Erich Honecker wurde nie abgeschlossen, da das Berliner Verfassungsgericht am 12. Januar 1993 feststellte, dass eine Fortsetzung des Prozesses gegen Honecker, der unheilbar an Leberkrebs litt, gegen die Menschenwürde verstoße. Der Angeklagte flog am nächsten Tag nach Santiago de Chile zu seiner Familie, wo er bis zu seinem Tod am 29. Mai 1994 lebte. Erich Honecker war dreimal verheiratet und hatte je eine Tochter aus zweiter und dritter Ehe.

Anfang 1983 coverte Lindenberg „Chattanooga Choo Choo", den Swing-Klassiker von Glenn Miller aus dem Jahr 1941. „Entschuldigen Sie, ist das der Sonderzug nach Pankow?", fragte Udo in der ersten Liedzeile. Um die Anspielung zu verstehen, braucht man noch ein wenig Hintergrundwissen. In Pankow lebten nicht nur die ganz heißen Mädchen, sondern auch viele SED-Bonzen. Der Rest des Textes lässt dafür nichts an Klarheit vermissen. Dem Appell „Ey, Honey, ich sing für wenig Money im Republikpalast, wenn ihr mich lasst" folgten noch weitere Respektlosigkeiten: „Honey, ich glaub, du bist doch eigentlich auch ganz locker, ich weiß, tief in dir drin bist du doch eigentlich auch 'n Rocker. Du ziehst dir doch heimlich auch gerne mal die Lederjacke an und schließt dich ein auf'm Klo und hörst West-Radio." Am Ende des Lieds sprach sogar der große sowjetische Bruder aus dem Bahnhofslautsprecher und beschied dem Genossen Honecker auf Russisch, dass der Oberste Sowjet keine Einwände gegen ein Gastspiel habe.

Dieser Text und ein ebenso respektloses Begleitschreiben, mit dem Lindenberg Honecker das Musikstück verehrte, brachten den verknöcherten Generalsekretär des Zentralkomitees der SED, den Staatsratsvorsitzenden der DDR sowie den Vorsitzenden des Nationalen Verteidigungsrates (in Personalunion) Erich Honecker ziemlich in Wallung. Aber Frechheit siegt. Am Ende gab „Honey" das „Okay", um das Lindenberg so lange gerungen hatte, und erlaubte dem Künstler, am 25. Oktober 1983 im Palast der Republik aufzutreten. Das war gut zwei Jahre vor Perestroika und Glasnost. Eine für 1984 geplante DDR-Tournee Lindenbergs kam aber nicht zustande.

Bis Lindenberg Honecker die im „Sonderzug nach Pankow" erwähnte Lederjacke schenken sollte, vergingen nochmals fast vier Jahre. Der Anlass für das Geschenk war ein ernster, die Lederjacke war weniger ein persönliches Präsent als vielmehr ein politischer Gruß. 1987 kam es in Ostberlin auf dem Boulevard Unter den Linden zu den Pfingst-Krawallen. Auf der Westseite, vor dem Reichstagsgebäude, fand vom 6. bis 8. Juni ein dreitägiges Open-Air-Festival statt. Das wollten sich zahlreiche Jugendliche aus Ostberlin und der DDR nicht entgehen lassen. Ihr Plan, sich vor dem Brandenburger Tor zu versammeln, um der West-Musik zumindest aus der Ferne zuzuhören, ging nicht auf. Die Betonköpfe der SED ließen Einheiten der Volkspolizei aufmarschieren und auf die friedliche Versammlung der Rockfans einprügeln. Die Krawalle waren so groß, dass selbst das „Neue Deutschland" nicht umhinkam, darüber zu berichten. Allerdings schob das SED-Zentralorgan die Schuld an den Krawallen einigen Ostberlin-Korrespondenten westdeutscher Medien zu. Diese hätten die Ausschreitungen provoziert. Eine glatte Lüge.

Mit der Prügelattacke auf harmlose Rockfans war für Udo Lindenberg das Maß voll. Er schrieb Erich Honecker einen Brief, wieder mal Klartext, und kritisierte darin das „hirnlose Vorgehen der Rudi-Ratlos-Gangs von der Vopo" während der Krawalle. Dem Brief legte er die schwarze Lederjacke bei. Außerdem hatte der Medienprofi Lindenberg zur Aktion das Fernsehen einbestellt.

Daher war der Antwortbrief Honeckers eine große Überraschung. Ohne das Wissen um diese Vorgeschichte würde sich der Brief wie ein – natürlich ideologiegetränktes – Dankesschreiben des großen Staatsratsvorsitzenden an einen Unterhaltungskünstler lesen. Im Kern aber war Honeckers Brief mit der ganzen Litanei, wie großartig und bunt die Rock-Szene in der DDR doch sei, eine verunglückte Rechtfertigung des DDR-Staats. Cool allein war die Schalmei, die Honecker Lindenberg verehrte. Cool war auch der Antwortbrief Lindenbergs. Schon in früheren Briefen an Honecker hatte sich Lindenberg selbstironisch als „Nachtigall von Billerbeck" bezeichnet, und noch immer ließ die Nachtigall nicht von der Idee einer DDR-Tournee ab. Zwei Jahre später sollte dies kein Problem mehr sein. Wie endet der Lindenberg-Song vom Mädchen aus Ostberlin aus dem Jahr 1973?

Ich hoffe, dass die Jungs
Das nun bald in Ordnung bringen
Denn wir wollen doch einfach nur zusammen sein
Vielleicht auch mal etwas länger
Vielleicht auch mal etwas enger
Wir wollen doch einfach nur zusammen sein

Es hat zwar noch eine Weile gedauert, bis wir zusammen waren. Aber zum Schluss, im Jahr 1989, haben die Jungs das doch noch alles in Ordnung gebracht – und zwar ohne „Honey".

RUDOLF AUGSTEIN - 2 -

RUDOLF AUGSTEIN

20457 Hamburg, den 23. September 1993

Herrn
Dr. Henry A. Kissinger

New York

Dear Henry,

es ist nicht nur das Hindenburg-Buch, das mich und andere zu dem Ergebnis gebracht hat, Deutschland würde auch ohne Hitler auf einen Krieg losgegangen sein. Diese Ansicht vertreten hier übrigens alle ernst zu nehmenden Historiker, und das Buch über Hindenburg liefert dazu nicht direkt, aber indirekt, weiteres Material.

Es zeigt mit beeindruckender Deutlichkeit, wie sehr das führende Personal in Deutschland diesen Mann, wissentlich oder nicht, benutzt hat, um der Weimarer Republik ein Ende zu setzen. Den mathematischen Beweis, daß es Krieg und Judendiskriminierung auch ohne Hitler gegeben haben würde, kann man natürlich nicht führen. Die Beweisführung konnte aktuell ja nur lauten, daß Hitler Krieg bedeute. Man kann viele Faktoren zusammennehmen. Dazu die führenden Leute der Elite, wie Ernst Jünger, Martin Heidegger und Carl Schmitt. Um es ganz einfach zu sagen: Der Zusammenbruch der Weimarer Republik, der wohl unvermeidlich war, bedeutete als solcher schon Krieg, und dieser Zusammenbruch wäre auch ohne Hitler erfolgt, weil die große Mehrheit der Parteien diesen Staat nicht wollte. Das Parteiensystem ist daran gescheitert und wäre wohl in jedem Fall daran gescheitert, daß die Parteien ihre Aufgabe und den Staat nicht wirklich ernst nahmen. Nur die Zerstörer des Systems - Nationalsozialisten und Kommunisten - nahmen ihre Aufgabe, die Verfassung von Weimar zu zerstören, wirklich ernst. Sie hatten aufgrund der Weltwirtschaftskrise beinahe die Hälfte aller Wähler hinter sich. Versailles war alles andere als vergessen.

Mir würde in einem ausführlicheren Buch nicht schwerfallen, diese These zu belegen, obwohl ich mich hier notgedrungen auf dünnstem Eise und sehr

- 2 -

RUDOLF AUGSTEIN an Henry Kissinger

Herrn
Dr. Henry A. Kissinger
New York

20457 Hamburg, den 23. September 1993

Dear Henry,

es ist nicht nur das Hindenburg-Buch, das mich und andere zu dem Ergebnis gebracht hat, Deutschland würde auch ohne Hitler auf einen Krieg losgegangen sein. Diese Ansicht vertreten hier übrigens alle ernst zu nehmenden Historiker, und das Buch über Hindenburg liefert dazu nicht direkt, aber indirekt, weiteres Material.

Es zeigt mit beeindruckender Deutlichkeit, wie sehr das führende Personal in Deutschland diesen Mann, wissentlich oder nicht, benutzt hat, um der Weimarer Republik ein Ende zu setzen. Den mathematischen Beweis, daß es Krieg und Judendiskriminierung auch ohne Hitler gegeben haben würde, kann man natürlich nicht führen. Die Beweisführung konnte aktuell ja nur lauten, daß Hitler Krieg bedeute. Man kann viele Faktoren zusammennehmen. Dazu die führenden Leute der Elite, wie Ernst Jünger, Martin Heidegger und Carl Schmitt. Um es ganz einfach zu sagen: Der Zusammenbruch der Weimarer Republik, der wohl unvermeidlich war, bedeutete als solcher schon Krieg, und dieser Zusammenbruch wäre auch ohne Hitler erfolgt, weil die große Mehrheit der Parteien diesen Staat nicht wollte. Das Parteiensystem ist daran gescheitert und wäre wohl in jedem Fall daran gescheitert, daß die Parteien ihre Aufgabe und den Staat nicht wirklich ernst nahmen. Nur die Zerstörer des Systems – Nationalsozialisten und Kommunisten – nahmen ihre Aufgabe, die Verfassung von Weimar zu zerstören, wirklich ernst. Sie hatten aufgrund der Weltwirtschaftskrise beinahe die Hälfte aller Wähler hinter sich. Versailles war alles andere als vergessen.

Mir würde in einem ausführlicheren Buch nicht schwerfallen, diese These zu belegen, obwohl ich mich hier notgedrungen auf dünnstem Eise und sehr schnell laufend bewegen müßte. Das kann der Sinn dieses Briefes nicht sein. Ich werde mich, wenn der große Uhrmacher mir diese Zeit noch läßt, in einer längeren Abhandlung damit beschäftigen. In der Hoffnung, Euch beide bei den Henkels zu sehen, bin ich wie stets,

Euer ergebener
Rudolf

PS: Soeben sehe ich, daß ich die von Dir handschriftlich angefragte These in meinem Brief nur mit einem „vielleicht" und in Klammern und auch nur indirekt berührt habe. Vergiß nur bitte nicht, daß unser heutiger Bundespräsident und der spätere Attentäter Graf Stauffenberg freudig erregt in einen von vornherein verlorenen Krieg hineingeritten sind.

Das Interessante an der Geschichte ist nicht die Zeittafel, auf der steht, was wann passiert ist. Das Spannende ist, zu ergründen, wie und warum es dazu kam und ob es nicht hätte anders kommen können. Hätte es auch ohne Hitler Krieg gegeben?

Wie dieser Brief vom 23. September 1993 belegt, beschäftigte die Frage nach dem Wie und Warum des Zweiten Weltkriegs auch 48 Jahre nach Kriegsende zwei große Figuren der Zeitgeschichte: Rudolf Augstein und Henry Kissinger. Beide wurden 1923 in Deutschland geboren. Beide erlebten den Krieg – jeder auf seine Weise. Der eine, Kind jüdischer Eltern, emigrierte 1938 in die USA und kämpfte als US-Soldat in den Ardennen gegen die Deutschen. Der andere, Sohn einer bürgerlich-katholischen Familie, wurde als Artilleriebeobachter an der Ostfront eingesetzt und erhielt kurz vor Ende des Krieges noch den Rang eines Leutnants. Nach dem Krieg machte der eine Weltpolitik, der andere war ihr Chronist. Und beide waren Freunde, obwohl sie in vielen Dingen unterschiedlicher Meinung waren.

RUDOLF AUGSTEIN kam am 5. November 1923 in Hannover als sechstes von sieben Kindern zur Welt. Sein Vater war Kamerafabrikant gewesen und verdiente den Lebensunterhalt als Fotokaufmann. Im Anschluss an sein Kriegsabitur volontierte Augstein beim „Hannoverschen Anzeiger". Wie für seinen Jahrgang üblich, wurde er erst zum Arbeitsdienst, anschließend zum Militärdienst eingezogen.

Nach dem Krieg kehrte Augstein nach Hannover zurück und arbeitete dort wieder als Tageszeitungsjournalist, wechselte dann aber als Deutschland-Ressortchef zum Nachrichtenmagazin „Diese Woche", das unter britischer Leitung erschien. Gemeinsam mit dem Fotografen Roman Stempka und dem Verlagskaufmann Gerhard R. Barsch erwarb Augstein die Lizenz für die Zeitschrift, die am 4. Januar 1947 unter dem neuen Titel „Der Spiegel" erschien.

Das Nachrichtenmagazin verstand sich in den 50er und 60er Jahren als „Sturmgeschütz der Demokratie" – Kriegsrhetorik war damals noch kein Tabu. Mit Methoden des investigativen Journalismus deckte „Der Spiegel" immer wieder Skandale auf, was dem Magazin mächtige Feinde einbrachte. Den vielleicht prominentesten Feind machte sich die Redaktion im Jahr 1962 mit Franz Josef Strauß, seinerzeit Verteidigungsminister. Das Magazin hatte unter der Überschrift „Bedingt abwehrbereit" einen Artikel über das NATO-Manöver „Fallex 62" veröffentlicht, ein Planspiel, das die Folgen eines atomaren Erstschlags mit

anschließender Offensive durch die Sowjetunion simulieren sollte. Der als vertraulich gekennzeichnete Bericht über die katastrophalen Folgen eines solchen Angriffs wurde der „Spiegel"-Redaktion zugespielt und auszugsweise veröffentlicht. Unter dem Vorwurf des Landesverrats wurden die Redaktionsräume durchsucht, Augstein und mehrere Mitarbeiter wurden verhaftet. Der öffentliche Aufschrei wegen dieser Einschränkung der Pressefreiheit war groß. Franz Josef Strauß, der seine Verantwortung für den Einsatz gegen den „Spiegel" lange zu verbergen versucht hatte, musste im November 1962 zurücktreten. Rudolf Augstein kam erst nach 103 Tagen U-Haft als letzter „Spiegel"-Mitarbeiter frei. Die Staatsanwaltschaft stellte das Verfahren im Mai 1965 ein.

Rudolf Augstein war ein Gegner der Adenauer-Regierung. Für seine politischen Kommentare wählte er meist das Pseudonym „Jens Daniel". Augstein war seit 1955 Mitglied der FDP, parteipolitisch engagierte er sich aber nur ein einziges Mal, als er auf Wunsch des damaligen FDP-Vorsitzenden Walter Scheel 1972 im Wahlkreis Paderborn für den Bundestag kandidierte. Er konnte das Direktmandat gegen Rainer Barzel (CDU) nicht gewinnen, zog aber über die Liste in das Parlament ein. Sein politisches Gastspiel währte nur wenige Monate, bereits Anfang 1973 legte er sein Mandat nieder. 1974 schenkte Augstein die Hälfte seines Unternehmens den Mitarbeitern des „Spiegel". Sein letzter „Spiegel"-Beitrag am 26. August 2002 setzte sich mit der amerikanischen Irak-Politik auseinander. Am 7. November 2002, kurz nach seinem 79. Geburtstag, starb Rudolf Augstein an den Folgen einer Lungenentzündung.

HENRY A. KISSINGER wurde am 27. Mai 1923 als Heinz Alfred Kissinger in Fürth bei Nürnberg in eine deutsch-jüdische Familie geboren. Sein Vater war Lehrer, wurde aber nach der „Machtergreifung" aus dem Schuldienst entfernt. Auf Drängen seiner Mutter emigrierte die Familie 1938 nach New York. Dort ging er auf die Highschool, wurde 1943 eingezogen und kämpfte als Soldat in den Ardennen. 1945 kam Kissinger als Mitarbeiter des Counter Intelligence Corps nach Deutschland zurück. Ab 1947 studierte er in Harvard. Nach seiner Promotion 1954 erhielt er einen Lehrauftrag für internationale Politik und zog mit grundlegenden Publikationen die Aufmerksamkeit von Politikern aller Parteien auf sich. Zunächst wurde er Berater des republikanischen Gouverneurs Nelson A. Rockefeller. 1961 machte Kissinger von sich reden, als er der Kennedy-Regierung empfahl, auf den Bau der Berliner Mauer nicht mit militärischen Mitteln zu reagieren. Unter Richard Nixons Präsidentschaft wurde Kissinger Berater für Außen- und Sicherheitspolitik. Die wegen des Vietnamkriegs international und auch im Inland in der Kritik stehende US-Regierung veränderte auf Kissingers Rat hin ihre Position. Der Vietnamkrieg sollte nicht mehr militärisch, sondern auf politischem Wege beendet werden. Kissinger war nicht nur als Vordenker, sondern auch als Verhandlungsführer erfolgreich, seine Anstrengungen führten 1975 zum Frieden mit Nordvietnam. Dafür erhielt Kissinger 1973, noch vor Kriegsende, gemeinsam mit dem Nordvietnamesen Le Duc Tho den Friedensnobelpreis.

1973 wurde Kissinger unter Richard Nixon Außenminister. Kissinger war der erste Einwanderer in der US-Geschichte in diesem Amt. Er tat sich durch sein Engagement für eine Lösung des Nahostkonflikts hervor, arbeitete aber auch hart daran, die Vormachtstellung der USA in der Welt zu festigen. Auch unter Präsident Gerald Ford blieb Kissinger Außenminister. Seine Amtszeit endete 1977 nach dem Wahlsieg des Demokraten Jimmy Carter. Im Anschluss übernahm er vor allem verschiedene Beratertätigkeiten und arbeitete als Autor. Mit den 1999 veröffentlichten „Kissinger Transcripts" und mit den 2000 publizierten „Watergate-Tonbändern" kamen Indiskretionen aus dem Politikalltag Kissingers ans Tageslicht – lange vor den Zeiten von Wikileaks. So belegt ein Tonband aus dem Jahr 1971, dass Präsident Nixon und sein Berater Henry Kissinger keine hohe Meinung von Willy Brandt hatten. Die Amerikaner bezeichneten den deutschen Kanzler als dumm, faul und als Trinker. Henry Kissinger ist Amerikaner mit Leib und Seele und ein großer Kenner der deutschen Klassiker, die er gerne mit sonorem Bass zitiert. Seinem deutschen Fußballverein, dem Zweitligisten Greuther Fürth, hält er bis heute die Treue.

Rudolf Augstein ging dabei nicht zimperlich mit seinem Duzfreund um. In einem „Spiegel"-Artikel aus dem Jahr 1980 etwa erörterte Augstein unter der Überschrift „Trotz Kissinger: Holocaust?" geopolitische Fragen im Kontext des Afghanistan-Einmarschs der Sowjets und bezweifelte, dass die USA und die Sowjetunion imstande seien, die politischen Signale der jeweils anderen Weltmacht zu erkennen und richtig zu deuten. Nicht nur die Überschrift war böse, im ganzen Artikel ging er mit Kissinger hart ins Gericht. „Das Kissingersche System hat einen schweren Fehler, der in der Person seines Schöpfers begründet liegt", schrieb Augstein etwa. Und: „Kissinger, in seinem Unverständnis für Innenpolitik, hat natürlich auch kein Verständnis für alles das, was in einem Lande, das nicht USA heißt, passiert."

Freundschaft hält das aus. Wie weit diese ging, zeigte der Nachruf, den Henry Kissinger 2002 auf seinen verstorbenen Freund Rudolf Augstein verfasste. „Letztlich war Rudolf ein Moralist und ein glühender Patriot", schrieb Kissinger dort. „Seinen selbst gestellten Anspruch, einer der Wächter der deutschen Demokratie zu sein, nahm er sehr ernst."

Das Schöne an Freundschaft ist, dass Freunde ihre Signale richtig deuten, gerade dann, wenn es wehtut.

Die Katastrophe in Bosnien und die Konsequenzen für unsere Partei Bündnis 90/ Die Grünen

Ein Brief an die Bundestagsfraktion und an die Partei

> „Der bosnische Krieg ist vor allem ein Kampf bewaffneter Krimineller gegen die unbewaffnete Zivilbevölkerung. Die serbische Besetzung von Srebrenica hat die Mittel wieder einmal zur Schau gestellt: Selektion, Vertreibung, Zusammenpferchen von Männern im wehrfähigen Alter wie Vieh und - wenn die Zeugenaussagen stimmen - ihre Ermordung. Tatort eine UN-Schutzzone.
>
> Michael Thumann in DIE ZEIT

Liebe Freundinnen und Freunde,

spätestens mit der Geiselnahme der Blauhelme und der Eroberung der moslemischen Enklaven und „Schutzzonen" der Vereinten Nationen in Ostbosnien durch das bosnisch-serbische Militär ist die bisherige Bosnienpolitik des Westens und der Vereinten Nationen in ihrem politisch-militärischen Teil gescheitert. In Bosnien zeichnet sich ein Sieg derjenigen ab, die auf brutale und grausame Gewalt setzen, während sich die Politik der Friedensbewahrung als hilflos und die sie tragenden Vereinten Nationen und westlichen Mächte sich als uneinig, deshalb nahezu handlungsunfähig und in ihren politischen Absichten mindestens als doppelbödig (um es ganz milde zu formulieren) erweisen.

Um den Konflikt in Bosnien einzudämmen, humanitäre Hilfe zu leisten und schließlich einen Waffenstillstand oder gar einen belastbaren Frieden herbeizuführen, setzten die Vereinten Nationen und der Westen bisher auf folgende Politik: die diplomatische Anerkennung der früheren jugoslawischen Teilrepubliken als unabhängige Staaten; ein Waffenembargo gegenüber den Kriegsparteien und ein Totalembargo gegenüber Restjugoslawien; humanitäre Hilfe seitens der Vereinten Nationen in der Kriegsregion; politische Lösungsversuche durch die sogenannte „Kontaktgruppe" der wichtigsten Mächte und durch diverse „Sonderbeauftragte"; militärische Präsenz von NATO-Streitkräften in der Luft und der UN Blauhelme am Boden zur Sicherung und Versorgung der Flüchtlinge und der moslemischen Bevölkerung in den UN „Schutzzonen"; zudem ein Flugverbot im Luftraum über Bosnien und die Kontrolle der schweren Waffen der Kriegsparteien im Raum Sarajewo durch die UN. Die Blauhelme waren und sind ihrem humanitären Auftrag verpflichtet, sie waren nicht Kriegspartei und dementsprechend auch nur mit leichten Waffen zu ihrem Selbstschutz, nicht aber zum Führen eines Bodenkrieges im Falle eines Angriffs auf die UN Schutzzonen ausgerüstet.

Diese Konzeption der Vereinten Nationen in Bosnien ist, bis auf die humanitäre Hilfe und Teile des Embargos, definitiv mit der militärischen Offensive der bosnischen Serben gegen die UN Schutzzonen Srebrenica und Zepa in diesem Juli gescheitert: Diese bittere Erkenntnis zwingt deshalb jetzt alle, die sich bisher in ihrer Politik positiv auf den UN Einsatz in Bosnien bezogen haben, zu einer grundsätzlichen Überprüfung und Neupositionierung ihrer Politik. Unsere Partei Bündnis 90/Die Grünen hat bei aller Kritik im Einzelfall immer den UN Einsatz unterstützt, nachdrücklich und mit guten Gründen gegen einen Abzug argumentiert und aus diesem Grund eine Fortsetzung des UN Einsatzes verlangt. Deshalb müssen auch wir uns heute fragen: Wie soll es weiterge-

JOSCHKA FISCHER an die Grünen

Die Katastrophe in Bosnien und die Konsequenzen für unsere Partei Bündnis 90/Die Grünen
Ein Brief an die Bundestagsfraktion und an die Partei

Liebe Freundinnen und Freunde,
spätestens mit der Geiselnahme der Blauhelme und der Eroberung der moslemischen Enklaven und „Schutzzonen" der Vereinten Nationen in Ostbosnien durch das bosnisch-serbische Militär ist die bisherige Bosnienpolitik des Westens und der Vereinten Nationen in ihrem politisch-militärischen Teil gescheitert. In Bosnien zeichnet sich ein Sieg derjenigen ab, die auf brutale und grausame Gewalt setzen, während sich die Politik der Friedensbewahrung als hilflos und die sie tragenden Vereinten Nationen und westlichen Mächte sich als uneinig, deshalb nahezu handlungsunfähig und in ihren politischen Absichten mindestens als doppelbödig (um es ganz milde zu formulieren) erweisen. [...]

Europa ist fünf Jahre nach dem Ende des Kalten Krieges und fünfzig Jahre nach dem Ende des Zweiten Weltkrieges nicht wiederzuerkennen. Der Krieg ist mit all seiner Grausamkeit und Barbarei zurückgekehrt und tobt auf dem Balkan. Mit Krieg, mit einer brutal rücksichtslosen Skrupellosigkeit und dem Tod und Elend Hunderttausender unschuldiger Menschen scheinen im Europa des Sommers 1995 erfolgreich wieder Grenzen gezogen und mit völkischer Politik erneut politische Fakten geschaffen werden zu können. Die täglichen Schreckensnachrichten aus Bosnien nehmen kein Ende. Der anhaltende kaltblütige Mord an der Zivilbevölkerung offener bosnischer Städte durch Artilleriebeschuß, das Abschlachten von Gefangenen, das Vergewaltigen von Frauen und Mädchen, das Vertreiben und „ethnische Säubern" ganzer Städte und Landstriche, das Verlachen von allen Grundsätzen der Menschenrechte und des Völkerrechts und die Verhöhnung der Vereinten Nationen und ihrer Beschlüsse durch die Eroberung von UN Schutzzonen und der anschließenden Ermordung und Vertreibung der muslimischen Bevölkerung – dies ist die blutige Realität der Politik der bosnisch-serbischen Führung unter Karadzic und Mladic.

Wenn sich diese Politik des Krieges und des Mordens in Bosnien erfolgreich durchsetzen wird, dann wird dies weit über den Balkan hinaus für Europa anhaltend schlimme Konsequenzen haben. Gerade eine auf Gewaltfreiheit und Ächtung der Gewalt beruhende Politik ist davon ganz besonders betroffen, denn wenn der Krieg wieder zu einem erfolgreichen und durchsetzungsfähigen Mittel der europäischen Politik wird, dann kann man eine gewaltfreie Zukunft der europäischen Nationen schlicht vergessen.

In Bosnien geht es deshalb auch um fünfzig Jahre Integrationsfortschritt und Frieden in Europa. Die europäischen Demokratien erweisen sich allerdings zunehmend als unfähig, den Herausforderungen durch einen blutigen, irrwitzigen Nationalismus auf dem Balkan geschlossen und entschlossen entgegenzutreten und dieser nationalistischen Herausforderung erfolgreich ihre nach zwei Weltkriegen mühselig errungenen Grundsätze des gegenseitigen Gewaltverzichts, der Unverrückbarkeit der Grenzen, der Achtung der Menschenrechte und Menschenwürde, der Herrschaft des Rechts und der Überwindung der Grenzen und der nationalen Vorurteile durch gemeinsame Integration entgegenzusetzen. Und so steht heute der Kontinent mehr oder weniger fassungslos vor der Tatsache, daß in Bosnien ein Sieg der nationalistischen Vergangenheit über die gemeinsame europäische Zukunft droht.

Die Vereinten Nationen taumeln in Bosnien auf eine strategische, mit hoher Wahrscheinlichkeit sogar auf eine historische Niederlage zu. Für die UN und den Westen heißt heute die fatale Alternative: Weichen oder widerstehen? Beides wird einen sehr hohen Preis verlangen, und diese Erkenntnis zwingt uns deshalb heute dazu, uns über die Ursachen des Scheiterns der bisherigen friedensbewahrenden Politik der Vereinten Nationen schonungslos Rechenschaft abzulegen. Denn nichts wäre schlimmer, als durch weitere Illusionen, Irrtümer oder gar doppeltes Spiel weitere Katastrophen und zahllose unschuldige Opfer mitverantworten zu müssen.

Dies gilt auch für die Diskussion in unserer Partei Bündnis 90/Die Grünen. Auch wir werden uns angesichts des bosnischen Dramas sehr genau und mit großer Ehrlichkeit zu überlegen haben, was die Konsequenzen unserer Position sind, und wie weit wir sie tatsächlich durchhalten können. Die Mehrheit in Partei und Fraktion hat sich bisher nachdrücklich für das UN Embargo, für humanitäre Hilfe und für die Aufrechterhaltung des Blauhelmeinsatzes ausgesprochen. Wir waren gegen eine Beteiligung Deutschlands mit Kampfverbänden in Bosnien, weil wir, bedingt durch das Wüten der deutschen Wehrmacht im ehemaligen Jugoslawien während des Zweiten Weltkriegs, dadurch eine Verschärfung des Konflikts und nicht seine Dämpfung befürchten. Und wir sehen mit großem Mißtrauen und Sorge, wie seitens der Bundesregierung und Teilen der Konservativen Schritt für Schritt versucht wird, Deutschland wieder zu einer militärisch gestützten, machtorientierten Außenpolitik zurückzuführen. Aber auch uns wird angesichts des Scheiterns der bisherigen Friedensmission der UN Blauhelme in Bosnien ein erneutes und sehr grundsätzliches Nachdenken nicht erspart bleiben.

Können Pazifisten, kann gerade eine Position der Gewaltfreiheit den Sieg der brutalen, nackten Gewalt in Bosnien einfach hinnehmen? Was ist zu tun, wenn alle bisherigen Mittel – Embargo, Schutzzonen, Kontrolle schwerer Waffen, Verhandlungslösungen – schlicht versagt oder zumindest gegenüber der militärischen Gewalt nicht ausreichend gewirkt haben? Sind wir dann für Abzug? Ein Abzug der UN wird den bosnischen Krieg mit hoher Wahrscheinlichkeit verschärfen, ja vieles spricht in diesem Fall für die Ausweitung des Krieges. Mit Sicherheit wird er aber zu einem Ende auch des humanitären Teils des UN Einsatzes führen, und das hätte für die Zivilbevölkerung in Bosnien katastrophale Folgen. […]

Unsere Partei Bündnis 90/Die Grünen ist eine Reformpartei, die ihren gesellschaftsverändernden und d. h. unter dem Gesichtspunkt des friedlichen, gewaltfreien Zusammenlebens, der Wahrung der Menschenrechte, des Schutzes von Minderheiten und der sozialen Gerechtigkeit auch gesellschaftsverbessernden Anspruch nicht aufgegeben hat. Ein Durchlavieren, eine Haltung des „Wir sind entsetzt, ansonsten schauen wir aber lieber nicht hin" kommt angesichts der bosnischen Katastrophe für unsere Partei nicht infrage. Entweder sind wir für den militärischen Schutz der Schutzzonen, wissend auch um die ganze Unzulänglichkeit der westlichen Bosnienpolitik und ihrer Risiken – und ich bin der Überzeugung wir müssen angesichts der Lage der dort eingeschlossenen Zivilbevölkerung für den militärischen Schutz der UN Schutzzonen sein –, dann müssen wir dies als Partei auch sagen, ausdiskutieren und beschließen. Oder wir lehnen diesen militärischen Schutz ab, und dann sollten wir uns, aber ohne uns darum herumzuwinden, für den Abzug der UN Blauhelme aussprechen. Die Folgen dieses Schrittes sind ebenfalls bekannt. Allerdings wird die Welt (und damit auch wir) in diesem Fall den bosnischen Regierungstruppen die notwendigen Waffen für ihre Selbstverteidigung nicht länger vorenthalten dürfen.

Ich bin, nach Abwägung aller hier vorgetragenen Argumente, der Meinung, daß ein Abzug ein Anheizen des Krieges bedeuten wird, und es demnach zu einer militärischen Garantie der UN Schutzzonen nur schlimmere Alternativen gibt. Freilich, ein solcher Schritt bringt weder die politische Lösung noch gar eine substantielle Besserung der Verhältnisse in Bosnien, wohl aber den möglichen Schutz und das Überleben der betroffenen Zivilbevölkerung in den Schutzzonen. Und dies ist angesichts der Barbarei nicht wenig. Ein Frieden aber – oder auch nur ein tragfähiger Waffenstillstand – ist nicht zu sehen. Zudem könnte ein Abzug der UN Einheiten aus Bosnien durch eine entsprechende zwei Drittel Entscheidung des amerikanischen Kongresses für die Aufhebung des Waffenembargos oder durch eine Nichtverlängerung des UN Mandates durch eine der beteiligten Kriegsparteien im November durchaus schnell Realität werden. [...]

Beides, die Erklärung für einen militärischen Schutz der Schutzzonen als auch die Alternative des Abzuges, wird unseren innerparteilichen Grundwertekonflikt zwischen dem Schutz des Lebens und der Freiheit von Menschen einerseits und der Gewaltfreiheit andererseits nicht unberührt lassen. Und unsere prinzipienorientierte Außenpolitik, die die Gewaltfreiheit in den internationalen Beziehungen zu ihrem zentralen Grundsatz erklärt hat, wird sich dieser für uns ganz neuen Herausforderung durch „ethnische Kriege" stellen und praktische Antworten darauf geben müssen. [...] Wir werden gegenwärtig mit einer Gewaltentwicklung in Bosnien konfrontiert, die unsere bisherigen Lösungsansätze massiv in Frage stellt. Genau dazu müssen wir uns jetzt als gewaltfreie Partei in unserer ganzen Breite politisch verhalten.

Bonn, den 30. Juli 1995
Joschka Fischer

Die Frage von Krieg und Frieden ist für keine andere Partei so zentral wie für die Grünen. Immerhin liegen die Wurzeln der Ökopartei in der westdeutschen Friedensbewegung der 1970er Jahre. Das Dogma, dass von deutschem Boden nie wieder Krieg ausgehen dürfe, war nach den Schrecken des Zweiten Weltkriegs in der gesamten demokratischen Parteienlandschaft Allgemeingut – aber für keine Partei war der Pazifismus so identitätsstiftend wie für die Grünen. Doch in den 1990er Jahren waren die Grünen auf dem Weg von der Oppositions- zur Regierungspartei, und der Zeitpunkt sollte kommen, an dem die Grundwerte der Partei auf die Probe gestellt werden würden. Klar war: Wer als Erster an den pazifistischen Grundfesten der Partei rütteln würde, der würde die politische Identität der Grünen bis ins Mark erschüttern. Es

JOSCHKA FISCHER kam als Joseph Martin Fischer am 12. April 1948 in Gerabronn zur Welt. Er besuchte bis zur 10. Klasse das Gymnasium, begann dann eine Fotografenausbildung, die er jedoch bald abbrach. Ab 1968 war er in der Studentenbewegung aktiv, bis 1975 war er Mitglied der linken Gruppierung „Revolutionärer Kampf" und beteiligte sich an Demonstrationen und Straßenkämpfen. Fischer besuchte in dieser Zeit Vorlesungen an der Universität Frankfurt, war aber nie für ein Studium eingeschrieben. Seinen Lebensunterhalt verdiente Fischer mit Gelegenheitsjobs, unter anderem als Taxifahrer. Ab 1977 brach er mit dem militanten Teil der linken Bewegung. 1982 trat Fischer der zwei Jahre zuvor gegründeten Partei Die Grünen bei. Ab 1983 saß er für die Partei im Bundestag und fiel vor allem als exzellenter, aber oft provokanter Redner auf. 1985 ging Joschka Fischer in die Landespolitik und wurde hessischer Umweltminister. Er war jedoch aufgrund von Differenzen mit dem Koalitionspartner SPD relativ glücklos im Amt und wurde bereits 1987 im Streit um die Genehmigung eines Nuklearunternehmens entlassen. Nach der

war schließlich Joschka Fischer, Ikone der Grünen, der den Tabubruch offensiv thematisierte. Es passte zu ihm: Unangepasstheit war stets ein Markenzeichen des charismatischen Politikers, ob er sich nun mit Turnschuhen als Umweltminister in Hessen vereidigen ließ oder an grünen Grundsätzen kratzte. Außerdem war Joschka Fischer in den 1990er Jahren längst vom linken Straßenkämpfer zum grünen Realo geworden. Und Realität bedeutete im Europa des ausgehenden 20. Jahrhunderts Krieg. Mit dem Auseinanderbrechen Jugoslawiens kam es ab 1991 zu Unabhängigkeitskriegen auf dem Balkan. Tod und Vertreibung, Folter und Vergewaltigung – schwerste Kriegsverbrechen, keine zwei Flugstunden vom pazifistischen Deutschland entfernt.

Trotz der geografischen Nähe und der Gräuel sahen die westlichen Mächte diesem Krieg lange Zeit mehr oder weniger tatenlos zu. Sie verhängten ein Waffenembargo, richteten Flugverbotszonen ein oder entsandten schwache UNO-Blauhelmtruppen. Zu einem militärischen Eingreifen in größerer Dimension konnten sich weder die Europäer noch die Amerikaner durchringen. Schließlich zerfiel zeitgleich mit Jugoslawien auch der sowjetische Machtblock. Es bestand die Gefahr, dass Russland in einen Balkankrieg eingegriffen hätte. Zum einen verstand sich Russland traditionell als Schutzmacht Serbiens, zum anderen hätte Russland mit einem Balkankrieg von innenpolitischen Zerfallsprozessen ablenken können. Russland blockierte auch im Sicherheitsrat ein UN-Mandat für einen größeren Truppeneinsatz auf dem Balkan.

Mitte der 1990er Jahre aber änderte sich die Lage. Insbesondere angesichts der Situation in Bosnien, der Eskalation der Gewalt, sahen sich Amerikaner und Europäer zum Eingreifen genötigt. Auch im Deutschen Bundestag wurde, nachdem in Bosnien Blauhelmsoldaten als Geiseln genommen worden waren, am 30. Juni 1995 eine Debatte über einen Einsatz von Tornado-Kampfflugzeugen unter dem Kommando der NATO geführt. Die deutsche Bundesregierung unter Helmut Kohl befürwortete die Entsendung von Bundeswehrsoldaten. Für die SPD,

Wahlniederlage von Rot-Grün in Hessen wurde Fischer Fraktionsvorsitzender im Landtag. Bereits 1991 gelang die Neuauflage der rot-grünen Koalition, Fischer wurde stellvertretender Ministerpräsident und erneut Umweltminister.

1994 kehrte er zurück in die Bundespolitik, zunächst als Fraktionssprecher. In dieser Funktion setzte er sich vehement für eine Beteiligung der Bundeswehr am NATO-Einsatz in Bosnien und für eine Neuausrichtung der grünen Wirtschaftspolitik ein. Nach dem Wahlsieg von Gerhard Schröder 1998 kam Fischer als Außenminister und Vize-Bundeskanzler ins Kabinett. Der Einsatz deutscher Soldaten im Kosovo 1999 war Fischers erste große Bewährungsprobe als grüner Bundesminister, er schaffte es jedoch, eine Mehrheit der Partei zu überzeugen. International erwarb sich Fischer schnell einen ausgezeichneten Ruf, doch auch in Deutschland wurde der grüne Politiker rasch beliebt und rangierte zwei Jahre lang unangefochten auf Platz eins der Beliebtheitsliste deutscher Politiker. 2001 nahm die Staatsanwaltschaft Ermittlungen gegen Fischer auf, nachdem Bettina Röhl, die Tochter der RAF-Terroristin Ulrike Meinhof, Anzeige erstattet hatte und Bilder vorlegte, auf denen Fischer bei gewalttätigen Aktionen rund um Hausbesetzungen im Jahr 1973 zu sehen war. Er sah sich zudem des Verdachts der Falschaussage im OPEC-Prozess ausgesetzt, die Vorwürfe gegen ihn wurden jedoch fallen gelassen. Die nächste Zerreißprobe hatten die Grünen und Joschka Fischer nach dem 11. September 2001 auszuhalten, als es um die deutsche Beteiligung am ISAF-Einsatz in Afghanistan ging. Eine Mitwirkung am Irak-Krieg lehnte Fischer 2002 in Übereinstimmung mit Kanzler Schröder ab. Im selben Jahr wurde die rot-grüne Koalition bei der Bundestagswahl knapp bestätigt.

2005 geriet Joschka Fischer durch die „Visa-Affäre" unter Druck. Dabei ging es um einen von ihm unterzeichneten Erlass des Auswärtigen Amtes, der erleichterte Einreisebedingungen ermöglicht hatte und damit im Verdacht stand, das illegale Einschleusen von Zwangsprostituierten und Schwarzarbeitern zu befördern. Vor dem Untersuchungsausschuss gab Fischer Versäumnisse zu, wehrte sich aber gegen das mediale Skandalisieren der Vorgänge. Als 2005 bei den Neuwahlen keine Mehrheit mehr für Rot-Grün zustande kam, erklärte Fischer überraschend seinen Ausstieg aus der ersten Reihe der Politik. 2006 nahm Fischer eine Gastprofessur in Princeton (USA) an. Er gründete eine Unternehmensberatung und war 2009 als Berater für das europäisch-zentralasiatische Erdgasprojekt „Nabucco" aktiv. Im Mai 2011 kam der Film „Joschka und Herr Fischer" in die Kinos, der Fischers Weg vom linken Aktivisten zum späteren Politiker nachzeichnet. Joschka Fischer ist zum fünften Mal verheiratet und hat zwei Kinder.

vor allem aber für die Grünen, wurde die Frage nach einer Zustimmung jedoch zur Zerreißprobe. Die Grünen lehnten in der Fraktion eine Entsendung mehrheitlich ab.

Zwei Wochen später, Mitte Juli 1995, kam es dann zum Massaker von Srebrenica. Serbische Truppen und Freischärler drangen in eine von UN-Blauhelmen gehaltene Schutzzone ein, in der sich zwischen 20 000 und 25 000 bosniakische Flüchtlinge befanden. Die Frauen, Kinder und alten Männer wurden von den wehrfähigen Männern getrennt und in Bussen abtransportiert. Anschließend ermordeten die Serben bis zu 8 000 bosnische Jungen und Männer und verscharrten ihre Leichen in Massengräbern. Die UN-Blauhelme waren machtlos.

Schon vorher hatte sich Fischer schwergetan, sich dem pazifistischen Dogma der Grünen zu unterwerfen. Mit Srebrenica sah er sich zum Handeln aufgefordert. Auf Parteitagsdebatten und Gremiendiskussionen wollte er sich nicht länger verlassen und schrieb am 30. Juli 1995 einen offenen Brief, zwölf Seiten lang, in dem er ausführlich begründete, warum der Eskalation der Gewalt und der Verletzung von Menschenrechten diesmal nur mit militärischen Mitteln beizukommen sei. Adressat war die Partei Bündnis 90/Die Grünen – vom einfachen Mitglied bis zum Bundestagsabgeordneten bat der Minister seine Parteifreunde auf direktem Weg um Unterstützung und forderte ein grünes Umdenken.

Winfried Nachtwei, von 1994 bis 2009 Mitglied der Bundestagsfraktion von Bündnis 90/Die Grünen und von 2002 bis 2009 Obmann der Grünen im Verteidigungsausschuss, bezeichnete dieses Schreiben als „Joschkas Briefbombe".

Der innerparteiliche Konflikt war damit nicht gelöst, im Gegenteil. Die Partei sah sich in zwei Lager gespalten, in eine mehrheitlich linke Basis, die an politischen Grundwerten festhalten wollte, und eine mehrheitlich realpolitisch orientierte Fraktion, die sich in der Pflicht sah, die Verantwortung für eine militärische Beteiligung Deutschlands mitzutragen. In der Folge stimmte knapp die Hälfte der grünen Bundestagsfraktion zu, Einheiten der Bundeswehr unter dem Kommando der NATO nach Bosnien zu entsenden – entgegen einem Parteitagsbeschluss.

Drei Jahre später waren die Grünen Regierungspartei und Joschka Fischer wurde Deutschlands erster grüner Außenminister. Es folgten weitere Bewährungsproben für das pazifistische Deutschland und für die grüne Partei: 1999 beteiligte sich die Bundeswehr am Kosovokrieg und damit befanden sich deutsche Soldaten erstmals seit 1945 im Kampfeinsatz, beschlossen unter Rot-Grün mit Außenminister Fischer. Nach dem 11. September 2001 beteiligte sich die Bundeswehr am ISAF-Einsatz in Afghanistan. Die parteiinternen Debatten verliefen ähnlich wie 1995, aber immerhin stimmte 2001 ein Grünen-Parteitag der Anti-Terror-Politik Fischers mit Zweidrittelmehrheit zu.

Der Entwicklungsprozess der Grünen um die Jahrtausendwende, die Auseinandersetzung mit dem Thema Gewaltfreiheit vor realpolitischem Hintergrund, hatte etwas von Erwachsenwerden. Desillusionierung inklusive.

DR. PETER GAUWEILER

Herrn Oberbürgermeister
der Landeshauptstadt München
Christian Ude

80331 München

München, den 15. Oktober 2009

Kopftuch oder Arschgeweih

Lieber Christian,

„jeder hat das Recht, seine Meinung in Wort, Schrift und Bild frei zu äußern und zu verbreiten", sagt das Grundgesetz in Artikel 5. „Eine Zensur findet nicht statt." Dies gilt für alle, außer für Deinen SPD-Parteifreund, den neuen Bundesbanker Thilo Sarrazin. Weil er die – vornehmer ausgedrückt – Integrationsfähigkeit bestimmter Ausländergruppen (z. B. Araber in Berlin) kritisiert hat und darüber recht grob wurde, entzieht ihm der Vorstand der Bundesbank ein Drittel seiner Kompetenzen. Jetzt darf Sarrazin noch einmal etwas sagen, dann wird ihm das zweite Drittel entzogen, und dann ist er draußen.

Dass die Bundesbanker sich untereinander Kompetenzen entziehen, gilt als einmalige Aktion – selbst bei den hochdramatischen Bankenkrisen und -zusammenbrüchen im letzten Jahr, die weltweit den Mängeln der Bankenaufsicht (auch in Deutschland) angelastet wurden, bei uns also

PETER GAUWEILER an Christian Ude

Herrn Oberbürgermeister
der Landeshauptstadt München
Christian Ude

80331 München

München, den 15. Oktober 2009

Kopftuch oder Arschgeweih

Lieber Christian,

„jeder hat das Recht, seine Meinung in Wort, Schrift und Bild frei zu äußern und zu verbreiten", sagt das Grundgesetz in Artikel 5. „Eine Zensur findet nicht statt." Dies gilt für alle, außer für Deinen SPD-Parteifreund, den neuen Bundesbanker Thilo Sarrazin. Weil er die – vornehmer ausgedrückt – Integrationsfähigkeit bestimmter Ausländergruppen (z. B. Araber in Berlin) kritisiert hat und darüber recht grob wurde, entzieht ihm der Vorstand der Bundesbank ein Drittel seiner Kompetenzen. Jetzt darf Sarrazin noch einmal etwas sagen, dann wird ihm das zweite Drittel entzogen, und dann ist er draußen.

Dass die Bundesbanker sich untereinander Kompetenzen entziehen, gilt als einmalige Aktion – selbst bei den hochdramatischen Bankenkrisen und -zusammenbrüchen im letzten Jahr, die weltweit den Mängeln der Bankenaufsicht (auch in Deutschland) angelastet wurden, bei uns also Bundesbank und Finanzagentur, ging es keinem der Bankaufseher an den Job oder an den Kragen. Nicht so im Fall des Genossen Thilo. Ihm half auch nicht, dass er andere Ausländergruppen (Vietnamesen) wegen ihrer Integrationsbereitschaft und -erfolge ausdrücklich hervorhob.

Ja, er war recht grob und man soll kein Lob erwarten dafür. Die Formulierung mit den „Kopftuchmädchen" war tucholskyhaft – verletzungsbereit, aber wenn man/frau nur noch mit Wattebällchen streiten darf, können wir die Meinungsfreiheit gleich ganz abschaffen oder sie einem Antidiskriminierungskommissar überlassen.

Nochmal: Mir sind Kopftuchmädchen jedenfalls vom Prinzip her lieber als Arschgeweihmädchen. Und in die Kleidung der westlichen Menschheit haben zu viele Zeitgenossen einen nutten- und zuhälterhaften Zug gebracht (nicht nur im

Privatfernsehen). Darauf ist die Prüderie islamischer Zuwandererfamilien auch eine Art Gegenreaktion. Aber in ein fremdes Land einzuwandern und sich dort über Generationen auf Hartz IV einzurichten, ist eben auch eine (im eigentlichen Sinne des Wortes) Un-Verschämtheit, ist klassisch asozial und man muss Sarrazin dankbar sein dafür, dass er dies in seinem Interview mit „Lettre International" angesprochen hat. Übrigens unterstützt von einem mutigen SPD-Stadtteilbürgermeister aus Berlin-Mitte. Hätte die SPD mehr solche Leute, wäre sie in der Stadt Willy Brandts nicht so, wie geschehen, mit 20,2 Prozent abgeschmettert worden.

Berlin, Berlin. Ich schreibe Dir heute aus der Bayerischen Vertretung an der Behrenstraße, und wir spielen hier gerade ein bisschen Koalitionsverhandlung – in der Arbeitsgruppe Außen, Europa, Sicherheit, Verteidigung und Entwicklung der neuen Koalition. Spielen deshalb, weil alle irgendwie davon ausgehen, dass am Ende Angela die Fäden schon wieder gezogen haben wird. Trotzdem: Vielleicht schaffen wir in Sachen Afghanistan mehr Bewegung, und was die Nettozahlungen an die EU angeht. Auch wünschenswert: mehr Bereitschaft zu einer grundlegenden Verbesserung der Beziehungen mit dem demokratischen Russland und – endlich – eine „Kultur der Zurückhaltung" bei zukünftigen Auslandseinsatzwünschen amerikanischer Militärs.

Wir reden natürlich auch über die Sache mit den USA und unserem „westlichen" Violinschlüssel, der bleiben muss. Ihr neuer Nobelpreisträger will doch ein neues Kapitel nicht nur für die amerikanische Menschheit aufschlagen. Wem es emotional gelingt, dass sich die White-Anglo-Saxon-Protestants einem Mann unterstellen, dessen Vater ein Angehöriger der Volksgruppe der Luo in Kenia war, dem ist auch eine Wende weg von der sterilen Interventionspolitik Washingtons zuzutrauen – geeint mit alten und neuen Verbündeten, gemeinsam große Dinge zu vollbringen.

Apropos große Dinge: Könntest Du, lieber Christian, uns, Deinen Lesern, etwas zum Münchner (Dresdner) Generalmusikdirektor schreiben und ob Du durch Deinen Kulturreferenten wirklich richtig entlastet wirst?

Und zu der Sache mit Julian Nida-Rümelin, von dessen Zukunftsplanung (OB-Kandidat!) so Interessantes zu lesen war. Was sagen die Parteifreunde? Was sagt Christian Ude?
Bin froh, wenn ich heute Abend wieder in München bin.

Bis dann
Dein Peter Gauweiler

Freund, Feind, Parteifreund" – wer politisch aktiv ist, der weiß, dass das Störfeuer meist aus den eigenen Reihen kommt und die härtesten Konflikte in den Gremien einer Partei ausgetragen werden. Der Umkehrschluss, dass sich politische Kontrahenten auf einer persönlichen Ebene gut verstehen, gilt deswegen noch lange nicht. Aber immerhin gibt es Duzfreundschaften über die Parteigrenzen hinweg. Zu einer veritablen und öffentlich ausgetragenen Brieffreundschaft haben es Peter Gauweiler und Christian Ude gebracht.

Der eine CSU-Bundestagsabgeordneter und ehemaliger Staatsminister, der andere sozialdemokratischer Oberbürgermeister der Landeshauptstadt München. Beide trennen Welten. Und 7,5 Prozentpunkte. So viel Prozent mehr Wählerstimmen erhielt der Sozialdemokrat, als die beiden Münchner Politgrößen bei der Oberbürgermeisterwahl im Jahr 1993 direkt gegeneinander antraten. Es gibt aber nicht nur Trennendes zwischen Christian Ude und Peter Gauweiler. Beide sind Juristen. Beide sind Münchner. Beide sind fast gleichaltrig, beide für klare Worte bekannt und beide haben eine spitze Feder. Genau diese spitze Feder ist ihre Waffe in einem Duell der besonderen Art, das Gauweiler und Ude bereits seit 2008 ausfechten: Sie schreiben sich wöchentlich Briefe, die im Anschluss im „Münchner Merkur" abgedruckt werden. Darin streiten sie über aktuelle politische Themen und kommentieren den politischen Alltag – den eigenen und den des Gegners, versteht sich.

Diese schriftliche Auseinandersetzung ist anders als die bekannten Schaukämpfe der Parteien, die regelmäßig alle paar Jahre im Wahlkampf über die Wähler hereinbrechen. Bei „Gauweiler vs. Ude" gewinnt nicht, wer am lautesten schreit oder am aufdringlichsten plakatiert. Hier zählen die originelle Provokation, der kluge Gedanke, das sanfte Anpiksen der Achillesferse des anderen – und zugleich der große Respekt vor einem langjährigen und ebenbürtigen Gegner. Deshalb sind die Briefe der beiden Kontrahenten, die seit Langem miteinander per

PETER GAUWEILER kam am 22. Juni 1949 in München zur Welt. 1968, im Jahr der Studentenunruhen, trat er in die CSU ein. Nach dem Abitur studierte er Rechtswissenschaften in München und Berlin, 1972 wurde er in den Münchner Stadtrat gewählt. 1978 machte Gauweiler seinen Doktor in Jura. Anschließend ließ er sich in München als Rechtsanwalt nieder. Bei der für die CSU erfolgreichen Kommunalwahl 1978 war er Pressesprecher der Münchner CSU und deren Wahlkampfleiter. Erste überregionale Bekanntheit errang Gauweiler ab 1982 als berufsmäßiger Stadtrat und Leiter des Kreisverwaltungsreferats München.

Vier Jahre später holte ihn der Ministerpräsident Franz Josef Strauß als Staatssekretär ins bayerische Innenministerium. Kontrovers wurden in dieser Zeit die unter der Regie von Gauweiler organisierten Polizeieinsätze bei den Demonstrationen in Wackersdorf und Gauweilers restriktive Anti-Aids-Politik diskutiert. Als Strauß 1988 starb und Max Streibl dessen Nachfolge antrat, wurden Gauweilers Kompetenzen als Staatssekretär beschnitten. Er war fortan nicht mehr für die innere Sicherheit, sondern für die Bayerische Oberste Baubehörde zuständig. 1990 wurde Gauweiler zum Vorsitzenden der Münchner CSU gewählt, im selben Jahr zog er auch zum ersten Mal als Abgeordneter in den Bayerischen Landtag ein. Am 30. Oktober 1990 wurde er Bayerischer Staatsminister für Landesentwicklung und Umweltfragen. In dieser Funktion profilierte er sich vor allem mit dem Thema Müllentsorgung und Abfallverwertung. Bundespolitisch trat Gauweiler als Gegner der Maastricht-Verträge und Kritiker der EU-Wirtschafts- und Währungsunion auf.

Als der amtierende Münchner Oberbürgermeister Georg Kronawitter 1993 vorzeitig sein Amt niederlegte, kandidierte Gauweiler gegen den SPD-Kandidaten Christian Ude. Doch das Aufkommen der „Kanzlei-Affäre", in der es um private Nebeneinkünfte Gauweilers und fragwürdige Vergaben ging, verhagelte der CSU das Wahlergebnis.

Du sind, unterhaltsame Lektüre und kein Wahlkampfgeplänkel.

Das heißt nicht, dass sich die beiden Alphamännchen schonen würden. In seinem Brief vom 15. Oktober 2009 etwa kann Gauweiler seine Schadenfreude in Sachen Sarrazin nicht verhehlen. Dieser, ein SPD-Mitglied, wurde gerade von der Bundesbank für sein umstrittenes Interview in „Lettre International" bestraft. Darin hatte Sarrazin einige umstrittene Äußerungen zum Thema Einwanderung getätigt und lag zumindest in der Wortwahl meilenweit daneben: „Ich muss niemanden anerkennen, der vom Staat lebt, diesen Staat ablehnt, für die Ausbildung seiner Kinder nicht vernünftig sorgt und ständig neue kleine Kopftuchmädchen produziert." Gauweiler, selbst ein Meister der Provokation, kommt zum Schluss, ihm seien „Kopftuchmädchen" fast lieber als „Arschgeweihmädchen". Zurückhaltung in der Wortwahl war Gauweilers Ding nie. Das wissen die Menschen in Bayern und davon weiß auch die Bundesregierung ein Lied zu singen, mit der sich der streitbare CSUler immer und immer wieder anlegt, gerne auch vor Gericht.

Wohl auch deshalb wies der Jurist Christian Ude den Juristen Gauweiler in seinem späteren Antwortschreiben darauf hin, dass es zwar ein Grundrecht auf freie Meinungsäußerung gebe, aber auch ein Mäßigungsgebot. Manche der Äußerungen Sarrazins seien durchaus zutreffend, seine Pauschalurteile aber „unerträglich":

Der Ton macht die Musik, dass müsste ein langjähriger Politiker und frischgebackener Bundesbanker eigentlich wissen. Aber mit Misstönen kann man mehr Aufsehen erregen – und dann angesichts der kritischen Resonanz das ganze Gemeinwesen in Misskredit bringen, nach dem Motto, hier dürfe man „die Wahrheit" nicht mehr sagen.

Christian Ude ist keiner, der den Kopf einzieht. Auch er lässt sich nicht vorschreiben, was er zu meinen hat – Parteiräson hin oder her. Und schon gar nicht lässt er sich

Ude gewann die Wahl mit 50,8 Prozent der Stimmen. Im Februar 1994 sah sich Gauweiler schließlich wegen der Affäre genötigt, sein Ministeramt aufzugeben. Ein Untersuchungsausschuss des Landtags und ein Urteil des bayerischen Anwaltsgerichtshofs entlasteten Gauweiler von den Vorwürfen, sein früheres Verhalten wurde von der CSU jedoch gerügt. In den folgenden Jahren blieb Gauweiler landes- und kommunalpolitisch aktiv. 1998 verkündete er seinen Rücktritt vom Münchner CSU-Vorsitz, nachdem sein Wunschkandidat für die Oberbürgermeisterwahl seine Kandidatur zurückgezogen hatte.

Bis 2002 saß Gauweiler im Bayerischen Landtag, legte sein Mandat aber nieder, nachdem er im September in den Deutschen Bundestag gewählt worden war. Im Gegensatz zur Mehrheit der Unionsfraktion lehnte Gauweiler Anfang 2003 den drohenden Krieg der USA gegen den Irak öffentlich ab und reiste kurz vor Kriegsbeginn nach Bagdad. Bis heute legte sich Gauweiler, der weiterhin als Rechtsanwalt in München praktiziert, wiederholt mit der eigenen Partei und der schwarz-gelben Bundesregierung an, so klagte er etwa 2007 erfolglos gegen den Einsatz von Tornado-Aufklärungsflugzeugen in Afghanistan. 2011 klagte er erneut vor dem Bundesverfassungsgericht, da seiner Ansicht nach das Rettungspaket für Griechenland und der Euro-Rettungsschirm gegen das Grundgesetz und Europarecht verstießen. Peter Gauweiler ist verheiratet und hat vier Kinder.

von seinem Brieffreund Gauweiler in die Ecke drängen, da schlägt er zurück. Die Wortgefechte der zwei Bayern sind daher gelegentlich scharf im Ton, wobei Gauweiler gerne den Bissigeren gibt. Aber der Leser merkt, hier streiten zwei auf Augenhöhe. Zwei, die sich gegenseitig achten und schätzen, dabei aber nie ihre Überzeugungen opfern. Nirgendwo sonst in der Politik wird so schön gestritten wie bei Gauweiler und Ude. Und am Ende sind alle froh, am Abend wieder daheim in München zu sein, wie Gauweiler seinen Brief an Ude schließt.

Dass dieser weiß-blau-rot-schwarze Briefwechsel als Kolumne im „Münchner Merkur" so beliebt ist, liegt einerseits an den Protagonisten, hat andererseits aber auch mit dem Format zu tun: Ein Brief braucht Zeit. Der Verfasser kann über die Thesen des Gegners ausreichend lange nachdenken. Der Brief erlaubt Pointiertes ebenso wie Fundiertes, die Polemik ebenso wie die Sachargumentation. Im Gegensatz zur TV-Talkshow muss kein Statement auf fernsehfreundliche Kürze gebracht werden. Jeder darf ausreden, ohne unterbrochen zu werden. Keiner muss brüllen. Man stelle sich vor: Welchen Charme könnte ein Kanzlerduell entfalten, das nicht im Fernsehen, sondern als Briefwechsel auf dem Papier ausgetragen würde? Funktionieren würde dies heute jedoch nicht mehr. Das Leben ist dafür zu schnell geworden.

In der Zeitung aber funktioniert der Briefwechsel Ude-Gauweiler ganz gut. So gut, dass die gesammelten Briefe inzwischen als Bücher verlegt werden.

CHRISTIAN UDE wurde am 26. Oktober 1947 in München geboren. Nach dem Abitur 1967 absolvierte er ein Volontariat bei der „Süddeutschen Zeitung" und arbeitete dort anschließend als Redakteur. Parallel studierte er Soziologie und Geschichte, ab 1969 Jura. 1970 reaktivierte und betreute er die sozialdemokratische Zeitung „Münchner Post". 1972 wurde Ude Pressesprecher der Münchner SPD. Nach dem Ersten und Zweiten Staatsexamen war Ude ab 1979 als selbstständiger Rechtsanwalt mit Spezialisierung auf Mietrecht tätig.

1990 wurde Ude in den Münchner Stadtrat und anschließend unter dem Oberbürgermeister Georg Kronawitter zum zweiten Bürgermeister gewählt. Als Kronawitter 1993 seinen vorzeitigen Rücktritt vom Amt verkündete, wurde Christian Ude Kandidat der Sozialdemokraten und trat gegen Peter Gauweiler an. Ude gewann die Wahl und wurde Oberbürgermeister in einer rot-grünen Koalition. Zu direkten Konfrontationen zwischen Ude und Gauweiler kam es immer wieder. Eine der bekanntesten darunter war die im Jahr 1997 hart geführte Debatte um die Ausstellung „Vernichtungskrieg. Verbrechen der Wehrmacht 1941 bis 1944", die Gauweiler als eine pauschale Verurteilung aller Angehörigen der Wehrmacht bezeichnete. Die Ausstellung war der Anlass für einen der größten Neonazi-Aufmärsche mit rund 5 000 Teilnehmern. Ude warf Gauweiler und der Münchner CSU vor, mit ihrer Polemik gegen die Ausstellung den Neonazis ein Forum geboten zu haben.

1999 wurde Ude mit mehr als 60 Prozent im Amt bestätigt. In seine zweite Amtszeit fiel unter anderem der Beschluss über den Bau der Allianz-Arena in Fröttmaning. Drei Jahre später ermöglichte Ude durch ein vorzeitiges Beenden seiner Amtszeit eine Zusammenlegung von Stadtrats- und Oberbürgermeisterwahlen, um die Kosten zu senken. Er konnte bei dieser Wahl sein Ergebnis erneut verbessern. 2005 wurde Ude zum Präsidenten des Deutschen Städtetages gewählt und folgte damit auf die Frankfurter Oberbürgermeisterin Petra Roth (CDU). In seiner Rolle als Vertreter der Städte weist Ude immer wieder auf die prekäre finanzielle Situation der Kommunen hin und kritisiert die Verteilung der Steuergelder in der Bundesrepublik. Eine persönliche Niederlage wurde für den bürgerentscheiderprobten Ude der Ausgang eines Entscheids 2004, bei dem 50,8 Prozent der Münchner einem Vorschlag von Alt-OB Georg Kronawitter folgten. Dieser hatte gefordert, Neubauten über 99 Meter, also der Höhe der Frauenkirche, nicht mehr zu genehmigen. Ude fürchtete den Rückzug wichtiger Investoren, deren Baupläne damit zum Erliegen kamen. 2008 wählten ihn die Münchner erneut zum Oberbürgermeister. Christian Ude ist verheiratet, seine Frau brachte sechs Kinder mit in die Ehe. In seiner Freizeit schreibt der Sohn eines Kulturredakteurs leidenschaftlich gerne, gelegentlich tritt er als Kabarettist auf und lässt sich auf dem Münchner Nockherberg jedes Jahr als ewiger Bürgermeister derblecken.

QUELLENNACHWEISE

Quellennachweise

S. 12, 14	© LHAS, 2.12-1/24 Korrespondenz der Herzöge mit Gelehrten, Nr. 1, Brief 2
S. 18	© Deutsches Historisches Museum, Berlin
S. 22, 25	© ÖStA, Abt. HHStA Wien, Sammelbände 3, Konvolut 35/12
S. 30	© bpk/SBB
S. 36, 38	© bpk
S. 44	© Deutsches Literaturarchiv Marbach
S. 50	© Arthur Schnitzler: Briefe 1913-1931. Hg. v. Peter Michael Braunwarth, Richard Miklin, Susanne Pertlik u. Heinrich Schnitzler. Frankfurt/M: S. Fischer 1984. S. 328-329.
S. 56	© Stiftung Archiv der Parteien und Massenorganisationen der DDR im Bundesarchiv (SAPMO)
S. 60	© Zentrum Paul Klee, Bern
S. 66	© Monacensia. Literaturarchiv und Bibliothek München. Signatur: Mann, Klaus AI/Kop. 2
S. 72, 77	© Martin Doerry, „Mein verwundetes Herz". Das Leben der Lilli Jahn 1900 - 1944, Deutsche Verlags-Anstalt, Stuttgart/München 2002.
S. 78	© Moltke, Helmuth James von; Moltke, Freya von; Moltke, Helmuth Caspar von; Moltke, Ulrike von; Abschiedsbriefe Gefängnis Tegel, September 1944 - Januar 1945, © Verlag C. H. Beck, München.
S. 86	© Max Frisch-Archiv, Zürich
S. 92	© Willy-Brandt-Archiv im Archiv der sozialen Demokratie der Friedrich-Ebert-Stiftung, Bonn
S. 96	© Kennedy Library, Boston [Quelle: U.S.Department of State (Hg.), 1994: Foreign Relations of the United States, Vol. XV: Berlin Crisis, 1962-1963, Washington, S.345/46.]
S. 104	© Bundesarchiv Bestand B 362/3182
S. 112	© Stiftung Archiv der Parteien und Massenorganisationen der DDR im Bundesarchiv (BArch, DY30/2525)
S. 114	© Stiftung Archiv der Parteien und Massenorganisationen der DDR im Bundesarchiv (BArch, DY30/2525)
S. 120	© Nachlass Rudolf Augstein, SPIEGEL-Verlag, Hamburg
S. 126	© Archiv Grünes Gedächtnis
S. 134	© Münchner Merkur, Ippen Verlagsruppe
Cover	Königin Luise: © bpk/SBB Mann: © Monacensia. Literaturarchiv und Bibliothek München. Signatur: Mann, Klaus AI/Kop. 2 Kaiserin Eleonore: © Deutsches Historisches Museum, Berlin Klee: © Zentrum Paul Klee, Bern

Bildnachweise:

S. 7	© Andreas Kühlken
S. 9	© Philipp von Hessen
S. 15	© bpk
S. 17	© LHAS, 13.1-3 Bildersammlung Dynastien - Haus Mecklenburg Schwerin, Generation XIII, Heinrich V. Nr. 1
S. 20	© Deutsches Historisches Museum, Berlin
S. 27	© ullstein bild - Imagno
S. 29	© ullstein bild
S. 33	© bpk | Eigentum des Haus Hohenzollern | Jörg P. Anders

S. 34	© bpk | Stiftung Preußische Schlösser und Gärten Berlin-Brandenburg | Hans Bach
S. 39	© bpk
S. 41	© bpk/Atelier L. Haase Co.
S. 42	© bpk/London Stereoscopic Co.
S. 43	© bpk
S. 46	© Deutsches Literaturarchiv Marbach
S. 49	© Deutsches Literaturarchiv Marbach
S. 53	© bpk/D'Ora-Benda
S. 54	© Max Liebermann; Portrait Samuel Fischer, 1915; Öl auf Leinwand, 88 x 70 cm | akg-images
S. 59	© Roger Viollet/Getty Images
S. 63	© Zentrum Paul Klee, Bern
S. 64	© Paul Klee; Paukenspieler, 1940, 270; Kleisterfarbe auf Papier auf Karton, 34,6 x 21,2 cm | Zentrum Paul Klee, Bern
S. 69	© ullstein bild
S. 70	© ullstein bild
S. 75, 76	© Martin Doerry, „Mein verwundetes Herz". Das Leben der Lilli Jahn 1900 - 1944, Deutsche Verlags-Anstalt, Stuttgart/München 2002.
S. 83	© bpk
S. 84	© bpk
S. 89	© Max Frisch-Archiv, Zürich
S. 101	© Getty Images
S. 103	© Time & Life Pictures/Getty Images
S. 107	© ullstein bild - Sven Simon
S. 109	© ullstein bild - Roger-Viollet
S. 110	© ullstein bild - Roger-Viollet
S. 117	© Tine Acke
S. 118	© Time & Life Pictures/Getty Images
S. 123	© Monika Zucht/Der Spiegel
S. 124	© Getty Images
S. 131	© Herlinde Koelbl, „Spuren der Macht"
S. 137	© Finanzen Verlag/Getty Images
S. 140	© Bongarts/Getty Images

Cover
Lindenberg: © Tine Acke
Honecker: © Time & Life Pictures/Getty Images
Zetkin: © Roger Viollet/Getty Images
Kennedy: © Time & Life Pictures/Getty Images
Antoinette: © ullstein bild - Imagno
Kissinger: © Getty Images
Mann: © ullstein bild
Brandt: © Getty Images
S. Fischer: © akg-images
J. Fischer: © Herlinde Koelbl, „Spuren der Macht"
Augstein: © Monika Zucht/Der Spiegel
Luther, J. und F. von Moltke: © bpk
Klee: © Zentrum Paul Klee, Bern
Königin Luise: © bpk | Eigentum des Haus Hohenzollern | Jörg P. Anders

Karasek (Klappe): © Philipp von Hessen

Wir haben uns bemüht, bei der Einholung der Abdruckrechte sorgfältig zu arbeiten. Sollte dennoch jemand seine Rechte verletzt sehen, so wende er sich bitte an den Verlag.

bpk = Bildarchiv Preussischer Kulturbesitz
LHAS = Landeshauptarchiv Schwerin
ÖStA, Abt. HHStA = Österreichisches Staatsarchiv, Abteilung Haus-, Hof- und Staatsarchiv, Wien

Idee und Konzeption: Dr. Martin Dopychai, Gerd Kühlhorn
Texte: Hans Pöllmann, Sonja Wild
Designkonzept: Walter Schönauer
Layout: Jan Haux

Redaktion: Verena von Holtum, Pit Pauen
Projektkoordination: Verena von Holtum
Freie Mitarbeit: Philipp Mißfelder
Lektorat: Claudia Jürgens, Pit Pauen
Korrektorat: Mareike Ahlborn, Inga Wortmann
Herstellung: Alwine Krebber
Litho: Medien Team-Vreden

Herausgegeben von der teNeues Publishing Group

teNeues Verlag GmbH + Co. KG
Am Selder 37, 47906 Kempen, Deutschland
Tel.: 0049-2152-916-0
Fax: 0049-2152-916-111
E-Mail: books@teneues.de

Presseabteilung: Andrea Rehn
Tel.: 0049-2152-916-202
E-Mail: arehn@teneues.de

teNeues Digital Media GmbH
Kohlfurter Straße 41–43, 10999 Berlin, Deutschland
Tel.: +49-(0)30-7007765-0

www.teneues.com

teNeues Publishing Company
7 West 18th Street, New York, NY 10011, USA
Tel.: 001-212-627-9090
Fax: 001-212-627-9511

teNeues Publishing UK Ltd.
21 Marlowe Court, Lymer Avenue, London SE19 1LP, Great Britain
Tel.: 0044-208-670-7522
Fax: 0044-208-670-7523

teNeues France S.A.R.L.
39, rue des Billets, 18250 Henrichemont, France
Tel.: 0033-2-4826-9348
Fax: 0033-1-7072-3482

ISBN 978-3-8327-9594-8
Printed in Italy

Bibliografische Information der Deutschen Nationalbibliothek
Die Deutsche Nationalbibliothek verzeichnet diese Publikation in der Deutschen Nationalbibliografie; detaillierte bibliografische Daten sind im Internet über
http://dnb.d-nb.de abrufbar.

teNeues Publishing Group
Kempen
Berlin
Cologne
Düsseldorf
Hamburg
London
Munich
New York
Paris

teNeues

MIX
Papier aus verantwortungsvollen Quellen
Paper from responsible sources
FSC® C023419
FSC www.fsc.org